"*Modern Brazilian Portuguese Grammar Workbook* is very comprehensive and covers all necessary areas expected for Portuguese learners wishing to have a better understanding and command of the Brazilian variant. The authors show a deep knowledge of the many idiosyncrasies of Brazilian Portuguese, always referring to the existing differences related to register and spoken versus written language. Also, the fact that it is divided into two parts (traditional grammar and function-based grammar), which are clearly interconnected in each section, makes it easier for students to look up any information they may need. Learners are provided a set of useful exercises related to both traditional grammar and function-based grammar, which focus on important and often challenging aspects of the Portuguese language."

Dr. José Peixoto Coelho de Souza, *Language Tutor in Portuguese,*
University of Manchester, UK

"*Modern Brazilian Portuguese Grammar* continues to be a wonderful supplement to the textbooks that I use in my language courses. It captures and presents problematic instances in an organized format. The examples and brief explanations are clear and relevant. This reference guide is essential for anyone who wants to master a nuanced understanding of Brazilian Portuguese."

Dr. Cynthia A. Sloan, *Associate Professor of Portuguese and*
Spanish, Portland State University, USA

Modern
BRAZILIAN PORTUGUESE
Grammar
WORKBOOK

Modern Brazilian Portuguese Grammar Workbook is an innovative book of exercises and language tasks for all learners of Brazilian Portuguese, ideal for use alongside the *Modern Brazilian Portuguese Grammar* or as an independent resource.

The book is divided into two sections. Part A provides exercises based on essential grammatical structures whilst Part B practises everyday functions, including making social contact, asking questions and expressing needs.

This third edition offers a greater variety of exercises, including exercises designed to practise concepts introduced in the "Notes for Spanish Speakers" sections of the *Grammar*. Exercises from the second edition have also been revised and expanded upon and a comprehensive answer key at the back of the book enables you to check on your progress.

The *Modern Brazilian Portuguese Grammar Workbook* is ideal for all learners who have a basic knowledge of Brazilian Portuguese, including undergraduates taking Brazilian Portuguese as a major or minor part of their studies, as well as intermediate and advanced schooling, adult education and self-study students.

John Whitlam was a freelance writer, university lecturer and lexicographer based in Rio de Janeiro. He authored a number of language-teaching books, and project-coordinated and co-authored four best-selling bilingual dictionaries of Portuguese and English.

Agripino S. Silveira is Lecturer in Portuguese at Stanford Language Center, Stanford University, USA.

Routledge Modern Grammars

Other books in series:

Modern
Brazilian
Portuguese
Grammar
Workbook

Third edition

John Whitlam and Agripino S. Silveira

Routledge
Taylor & Francis Group

LONDON AND NEW YORK

Third edition published 2023
by Routledge
4 Park Square, Milton Park, Abingdon, Oxon, OX14 4RN

and by Routledge
605 Third Avenue, New York, NY 10158

Routledge is an imprint of the Taylor & Francis Group, an informa business

First edition published by Routledge 2011

Second edition published by Routledge 2017

British Library Cataloguing-in-Publication Data
A catalogue record for this book is available from the British Library

ISBN: 978-1-032-24446-4 (hbk)
ISBN: 978-1-032-24442-6 (pbk)
ISBN: 978-1-003-27862-7 (ebk)

DOI: 10.4324/9781003278627

Typeset in Times New Roman
by Apex CoVantage, LLC

Access the companion website: www.routledge.com/cw/whitlam

Contents

CONTENTS

Introduction

Modern Brazilian Portuguese Grammar Workbook, like its companion volume *Modern Brazilian Portuguese Grammar*, is divided into two parts: Structures and Functions.

Part A Structures provides practical exercises on the basic grammar of Brazilian Portuguese and can be used to acquire a firm grounding in all the essential forms and structures of the language or to practise specific points (e.g., the subjunctive, gender and number agreement, verb conjugation, etc.). Working through this part of the book is also a great way to review all the basic grammar of the language.

Part B Functions is organized according to language use in particular situations. Here you can practise not only the associated grammatical structures, but also set phrases and ways of doing things, such as apologizing, describing a person, asking the way, and so on.

The two parts of the book inevitably overlap to a certain extent, although the nature of the exercises generally differs from one part to the other. In Part A you will find cross-references to exercises in Part B that provide further practice on the same point of grammar, while in Part B there are cross-references to relevant chapters in Part A.

The *Workbook* contains exercises at all levels and aims to be comprehensive in its coverage of the basic structures of the language. A full answer key is provided at the end of the book.

In addition to providing grammar practice, the exercises are also intended to help expand your vocabulary. You may well need to consult a dictionary from time to time and indeed are encouraged to do so. Many of the gap-filling exercises in the *Structures* section are followed by the instruction to translate the sentences into English. This is useful additional practice, and by comparing your version to the translations given in the answer key, you can check your comprehension, which is particularly helpful for those studying without a teacher.

The *Workbook* can be used independently as a study or revision tool, but it is primarily intended as a complement to *Modern Brazilian Portuguese Grammar* (MBPG) and, therefore, cross-references to the *Grammar* have been included throughout. In the *Grammar* you will find clear and jargon-free explanations that will answer any queries you may have and enable you to complete the exercises correctly: in this way, the *Workbook* can be used successfully for private study as well as being a convenient resource for taught courses.

Diagnostic test on noun, adjective and verb inflections and verb-tense usage

This test is designed to evaluate your knowledge of basic noun, adjective and verb inflections, as well as verb-tense usage. It will enable you to assess how much you know, either before or after working through this book. The numbers in square brackets at the end of each sentence refer to the chapters in both this *Workbook* and *Modern Brazilian Portuguese Grammar: A Practical Guide* that deal with the inflection and usage of the word shown in parentheses. Use a dictionary or dictionary resource to look up any vocabulary items you don't know as you work through the test.

Put the word shown in parentheses into the correct form to complete each sentence:

1 Os _____ *(inglês)* votaram por sair da União _____ *(europeu)*. [3, 2]
2 O Natal era originalmente uma festividade _____ *(pagão)* que se transformou em festa _____ *(cristão)*. [2]
3 A língua _____ *(japonês)* é difícil de se aprender. [2]
4 Comi dois _____ *(pão)* no café da manhã. [3]
5 Precisamos substituir os _____ *(combustível fóssil)* por _____ *(renovável)*. [3]
6 Quantos _____ *(lápis)* você tem aí? [3]
7 O violonista tocou várias músicas _____ *(espanhol)*. [3]
8 O Ministério da Saúde lançou uma campanha para incentivar a doação de _____ *(órgão)*. [3]
9 Quais são as outras _____ *(opção)*? [3]
10 Todos os _____ *(hotel)* da cidade estão lotados. [3]
11 Antigamente nós _____ *(escrever)* cartas em vez de mandar e-mails. [15]
12 O Bruno _____ *(morar)* no Canadá durante quatro anos. [15, 18]
13 A jovem foi _____ *(matar)* por uma bala perdida. [17]
14 Dois ônibus _____ *(colidir)* ontem à noite no centro do Rio. Ninguém se _____ *(ferir)*. [15, 18]
15 O maratonista chegou cambaleando, como se _____ *(estar)* bêbado. [16, 20]
16 Espero que você _____ *(gostar)* do bolo. Fui eu que _____ *(fazer)*. [15, 16, 20]
17 A minha tia queria que nós _____ *(ficar)* para jantar na casa dela. [15, 20]
18 Se vocês _____ *(resolver)* ficar mais uma noite, é só avisar. [15, 20]
19 Antigamente nós _____ *(ir)* muito ao cinema. [16, 18]
20 De acordo com o noticiário, os bancos não _____ *(abrir)* amanhã. [15, 18]
21 Quem ganhou a corrida _____ *(ser)* o piloto alemão. [16, 18]

22 Eu não _____ (*vir*) aqui para brigar com você, mas sim para pedir desculpas. [16, 18]
23 Normalmente, eu te _____ (*ajudar*), mas hoje não posso. [15, 18]
24 É importante usar um chapéu com aba larga que _____ (*proteger*) a nuca e o nariz do sol. [15, 20]
25 Se eu _____ (*propor-se*) a fazer uma coisa, faço questão de fazê-la bem feita. [16, 20, 22]
26 Para acessar maiores informações, _____ (*clicar*) no link abaixo. [15, 21]
27 Eu duvido que o ex-namorado dela _____ (*comparecer*) na festa. [15, 20]
28 Eu _____ (*almoçar*) com meus pais ontem. [15, 18]
29 Se _____ (*dar*) algum problema, te aviso. [16, 20]
30 Você prefere que eu te _____ (*pagar*) em dinheiro ou cheque? [15, 20]
31 Nós _____ (*fazer*) de tudo para demovê-la da ideia, mas não conseguimos. [16, 18]
32 Quando eu estava aprendendo a surfar, _____ (*cair*) muito. [15, 18]
33 Às vezes a natureza _____ (*destruir*) o que o homem _____ (*construir*). [15, 18]
34 Eu sempre _____ (*pentear-se*) antes de sair de casa. [15, 18, 22]
35 Quando se dá uma canelada, _____ (*doer*) muito. [15, 18]
36 É essencial que os pacientes _____ (*seguir*) rigorosamente as orientações médicas. [16, 20]
37 Aos domingos, eu geralmente _____ (*dormir*) até tarde. [16, 18]
38 Eu sempre _____ (*ser*) muito competitivo, desde criança. [16, 18]
39 Estamos buscando uma solução que _____ (*convir*) a todos. [16, 20]
40 O que você quer que eu _____ (*fazer*)? [16, 20]
41 A taxa de juros _____ (*subir*) sem parar há três anos. [16, 18]
42 A Sandra _____ (*odiar*) acordar cedo. [16, 18]
43 Hoje em dia, os jovens _____ (*ler*) poucos livros. [16, 18]
44 Não _____ (*perder*) seu tempo tentando me convencer! [16, 21]
45 Quero que você _____ (*ouvir*) com muita atenção o que eu tenho para te dizer. [16, 20]
46 Ficamos consternados quando _____ (*saber*) da tragédia ontem. [16, 18]
47 O que foi que você _____ (*dizer*)? [16, 18]
48 Se cada um _____ (*trazer*) alguma comida ou bebida, podemos fazer uma festa improvisada. [16, 20]
49 Afinal, não foi nada grave, mas você _____ (*fazer*) bem em chamar a ambulância. [16, 18]
50 Esse pão não _____ (*conter*) glúten. [16, 18]
51 O motoqueiro _____ (*ter*) muita sorte e escapou do acidente sem nenhum arranhão. [16, 18]
52 Você pode contar comigo para o que _____ (*dar*) e _____ (*vir*). [16, 20]
53 O Pedro me pediu para dar um recado à Júlia quando eu a _____ (*ver*). [16, 20]
54 Quem _____ (*compor*) essa música? [16, 18]
55 Se vocês _____ (*ter*) tempo, por favor _____ (*reler*) o artigo sobre a matéria de hoje. [16, 20, 21]
56 Você quer que eu _____ (*ir*) com você ao médico? [16, 20]
57 Se não _____ (*ser*) a ajuda de vocês, eu nunca _____ (*ter*) conseguido terminar tudo a tempo. [16, 18, 20]
58 Para saber mais, _____ (*ver*) o quadro abaixo. [16, 21]
59 O que é que _____ (*haver*) que você ficou tão triste de repente? [16, 18]
60 Você sempre _____ (*pôr*) leite no seu chá? [16, 18]
61 Por que você queria tanto que eu _____ (*vir*) aqui hoje? [16, 20]
62 Espero que os noivos _____ (*ser*) muito felizes juntos. [16, 20]

63 De modo geral, os brasileiros não _____ (*dar*) muita importância à pontualidade. [16, 18]

64 Tomara que _____ (*dar*) para a gente se encontrar. [16, 20]

65 Se o professor _____ (*ter*) explicado melhor, talvez nós _____ (*ter*) entendido logo. [16, 20]

66 Se vocês _____ (*ir*) ao Brasil, vale a pena visitar as cataratas do Iguaçu. [16, 20]

67 _____ (*dar*) tempo de resolver tudo ontem? [16, 18]

68 A próxima reunião da diretoria pode ser antecipada, caso _____ (*haver*) necessidade. [16, 20]

69 Espero que _____ (*estar*) tudo bem com você. [16, 20]

70 O tenista brasileiro fez o que _____ (*poder*), mas não conseguiu vencer a partida. [16, 18]

71 Vocês podem ficar aqui o tempo que vocês _____ (*querer*). [16, 20]

72 Independentemente de quem _____ (*ganhar*) a eleição, o candidato que _____ (*ser*) eleito vai ter muito trabalho pela frente. [16, 20]

73 A exposição foi _____ (*abrir*) ao público ontem. [17]

74 Liga para mim quando você _____ (*poder*). [16, 20]

75 Todas as luzes da casa estavam _____ (*acender*). [17]

76 Não há dúvida de que o "carro sem motorista" _____ (*vir*) para ficar. [16, 18]

77 Os assaltantes fizeram reféns, mas todos foram _____ (*soltar*) sem ferimentos. [17]

78 Você já _____ (*estar*) numa situação em que queria fazer a coisa certa, mas acabou fazendo tudo errado? [16, 18]

79 O suspeito foi procurado pela imprensa mas não _____ (*querer*) dar entrevista. [16, 18]

80 A atmosfera é _____ (*compor*) por uma camada de gases que se situa sobre a superfície da Terra. [17]

Part A

Structures

1

Pronunciation and spelling

1 ★ **Pode soletrar, por favor?** 'Can you spell that, please?' ⇨ **MBPG 1.1** Spell out the following names using the Portuguese names of the letters.

(a) John Quinlan
(b) Ken Wexford
(c) Harold Jones
(d) Karen Riley
(e) Vivian Tyler
(f) Jenny Green

2 ★ Stress ⇨ **MBPG 1.7** Underline the stressed syllable in the following words.

(a) **desesperado**
(b) **alegria**
(c) **comem**
(d) **pinguim**
(e) **esperei**
(f) **capataz**
(g) **disponibilizam**
(h) **chuchus**
(i) **papel**
(j) **colocação**
(k) **balangandãs**
(l) **decidiram**
(m) **decidirão**
(n) **coincidia**
(o) **guarani**
(p) **alguns**

3 ★ Written accent ⇨ **MBPG 1.7** Add written accents to the following words where necessary.

(a) **papeis** 'papers'
(b) **pes** 'feet'
(c) **um chines** 'a Chinese man'
(d) **uma chinesa** 'a Chinese woman'
(e) **secretaria** 'secretary'
(f) **secretaria** 'secretary's office'
(g) **orfão** 'orphan'
(h) **construido** 'built'
(i) **moinho** 'mill'
(j) **raiz** 'root'
(k) **Suiça** 'Switzerland'
(l) **espontaneo** 'spontaneous'
(m) **bonus** 'bonus'
(n) **indice** 'index'
(o) **onibus** 'bus'
(p) **gases** 'gases'

4 ★ Capital letters ⇨ **MBPG 1.9** Write in the missing words in each case.

(a) on Tuesday, April 3rd   >   **na____, 3 de____**
(b) She's French.   >   **Ela é____.**
(c) a Catholic school   >   **uma escola____**
(d) He speaks Russian.   >   **Ele fala____.**
(e) a Communist regime   >   **um regime____**
(f) Maoist rebels   >   **rebeldes____**
(g) She studies medicine.   >   **Ela estuda____.**

DOI: 10.4324/9781003278627-2

5 ⋆   Two-letter combinations ⇨ **MBPG 1.1** Complete the spaces below with the missing two-letter combinations.

(a) Eu adoro bolos, mas ___ocolate engorda.
(b) Quando fui à França, experimentei muitos tipos diferentes de ___eijo.
(c) Os gaúchos são muito famosos por beberem um ___á chamado ___imarrão.
(d) A região da Serra Gaúcha é uma grande produtora de vi___o no Brasil.
(e) Um prato muito famoso no Brasil com peixe e frutos do mar é a mo___eca capixaba.
(f) Em muitas partes do Brasil, come-se a gali__a ao mo___o pardo. É deliciosa!
(g) Para fazer pão corretamente, é essencial usar a fari___a correta.
(h) A minha sobremesa de coco favorita é o ___indim.
(i) O ___urrasco brasileiro é muito famoso pela pica___a.

6 ⋆   Sounds ⇨ **MBPG 1.5.6** Mark all the words in which the 'r' is pronounced as an 'h.'

(a) morro
(b) açúcar
(c) aterro
(d) Freitas
(e) cultural
(f) assistir
(g) importante
(h) arco
(i) tarde
(j) bares
(k) bater
(l) obrigatório
(m) ímpar
(n) jardim

7 ⋆   Sounds ⇨ **MBPG 1.5.6** Mark all the words in which the 's' is pronounced as a 'z.'

(a) nosso
(b) assalto
(c) famoso
(d) casa
(e) serra
(f) gostar
(g) casado
(h) presidente
(i) meses
(j) apesar
(k) cansado
(l) brasileiro
(m) fase

8 ⋆   Sounds ⇨ **MBPG 1.5.6** Mark all the words in which the 'g' is pronounced as a 'j.'

(a) Gisele
(b) Angélica
(c) guardar
(d) gola
(e) giz
(f) guitarra
(g) gente
(h) aguentar
(i) guerra
(j) passagem
(k) galã
(l) alguma
(m) Argentina
(n) grande

2
Gender and gender agreement

1 What gender? ⇨ **MBPG 2.2** Determine the gender of the following nouns and place the appropriate word for 'the' (**o** for masculine, **a** for feminine) before each one.

(a) _____**multidão** 'crowd'
(b) _____**casa** 'house'
(c) _____**rio** 'river'
(d) _____**nação** 'nation'
(e) _____**melão** 'melon'
(f) _____**problema** 'problem'
(g) _____**amigdalite** 'tonsillitis'
(h) _____**cidade** 'city'
(i) _____**ladrão** 'thief'
(j) _____**dia** 'day'
(k) _____**análise** 'analysis'
(l) _____**alvará** 'licence'
(m) _____**televisão** 'television'

(n) ___ **atitude** 'attitude, move'
(o) ___ **paisagem** 'landscape'
(p) ___ **mão** 'hand'
(q) ___ **guarda-roupa** 'wardrobe'
(r) ___ **toca-fitas** 'cassette player'
(s) ___ **sul** 'south'
(t) ___ **British Airways**
(u) ___ **Broadway**
(v) ___ **Manchester United** (*football team*)
(w) ___ **Fusca** 'Volkswagen Beetle'
(x) ___ **Tâmisa** '(River) Thames'
(y) ___ **Boeing 747**
(z) ___ **Sheraton** (*hotel*)

2 Feminine forms of adjectives ⇨ **MBPG 2.3** Find the right adjective in the box and fit it into the sentence in its correct form.

japonês	comilão	bom	gentil	rico	assustador	espanhol	interessante

(a) **É uma história____.** It's a frightening story.
(b) **A família dele é____.** His family is rich.
(c) **Eles são de descendência_____.** They are of Japanese descent.
(d) **A sua mãe é muito_____.** Your mother is very kind.
(e) **A palestra foi____.** The lecture was interesting.
(f) **Que criança____!** What a greedy child!
(g) **A Maria é____.** Maria is Spanish.
(h) **Essa piada é muito____!** That joke's very good!

3 Feminine forms of nouns and adjectives ⇨ **MBPG 2.3** The following phrases all describe males. Change them so that they describe females.

(a) **um leão feroz** 'a ferocious lion'
(b) **um ator famoso** 'a famous actor'
(c) **um escritor afegão** 'an Afghan writer'
(d) **um herói espanhol** 'a Spanish hero'
(e) **um imigrante irlandês** 'an Irish immigrant'

5

DOI: 10.4324/9781003278627-3

(f) **um príncipe belga** 'a Belgian prince'
(g) **um imperador romano** 'a Roman emperor'
(h) **um deus mau** 'an evil god'
(i) **um comissário europeu** 'a European commissioner'
(j) **um sacerdote pagão** 'a pagan priest'
(k) **um professor brincalhão** 'a playful teacher'
(l) **o maior maestro** 'the greatest conductor'

4 ★ ★ Note for Spanish Speakers ⇨ Determine if the words below are masculine (m) or feminine (f) in Portuguese.

(a) (___) cútis
(b) (___) origem
(c) (___) sal
(d) (___) nariz
(e) (___) árvore
(f) (___) cor
(g) (___) costume
(h) (___) dor
(i) (___) desordem
(j) (___) estreia
(k) (___) legume
(l) (___) leite
(m) (___) mel

(n) (___) oliveira
(o) (___) ponte
(p) (___) sangue
(q) (___) borda
(r) (___) creme
(s) (___) paradoxo
(t) (___) pétala
(u) (___) protesto
(v) (___) riso
(w) (___) terraço
(x) (___) equipe
(y) (___) valsa
(z) (___) tablete

3
Number and number agreement

1 ★ Plural of nouns ⇨ **MBPG 3.2** Fill in the blanks. The first one has been done for you.

(a)	**um livro** 'one book'	<u>dois livros</u>	'two books'
(b)	**um caminhão** 'one truck'	_____	'two trucks'
(c)	**um museu** 'one museum'	_____	'two museums'
(d)	**uma caneta** 'one pen'	_____	'two pens'
(e)	**uma ocasião** 'one occasion'	_____	'two occasions'
(f)	**uma mão** 'one hand'	_____	'two hands'
(g)	**um pão** 'one bread roll'	_____	'two bread rolls'
(h)	**um general** 'one general'	_____	'two generals'
(i)	**um som** 'one sound'	_____	'two sounds'
(j)	**um gol** 'one goal'	_____	'two goals'
(k)	**uma flor** 'one flower'	_____	'two flowers'
(l)	**um lençol** 'one sheet'	_____	'two sheets'
(m)	**uma luz** 'one light'	_____	'two lights'
(n)	**um míssil** 'one missile'	_____	'two missiles'
(o)	**um lápis** 'one pencil'	_____	'two pencils'
(p)	**uma ponte** 'one bridge'	_____	'two bridges'
(q)	**um barril** 'one barrel'	_____	'two barrels'
(r)	**um mês** 'one month'	_____	'two months'
(s)	**um túnel** 'one tunnel'	_____	'two tunnels'
(t)	**um quadro-negro** 'one blackboard'	_____	'two blackboards'
(u)	**um coquetel** 'one cocktail'	_____	'two cocktails'
(v)	**um guarda-roupa** 'one wardrobe'	_____	'two wardrobes'

2 ★ Plural forms of nouns and adjectives ⇨ **MBPG 3.2** Use the two words shown in their base form to translate the English phrases.

(a)	**ônibus**	**espacial**	'space shuttles' (*literally* 'space buses')	_____
(b)	**bom**	**cristão**	'good Christians'	_____
(c)	**capitão**	**espanhol**	'Spanish captains'	_____
(d)	**atriz**	**famoso**	'famous actresses'	_____
(e)	**cidadão**	**chinês**	'Chinese citizens'	_____
(f)	**decisão**	**difícil**	'difficult decisions'	_____
(g)	**irmão**	**alemão**	'German brothers'	_____

DOI: 10.4324/9781003278627-4

(h)	bom	sensação	'good sensations'	_____
(i)	órgão	vital	'vital organs'	_____
(j)	questão	simples	'simple questions'	_____
(k)	jovem	espanhol	'young Spanish women'	_____
(l)	dica	útil	'useful tips'	_____

3 ✱ Plural of compound nouns ⇨ **MBPG 3.2.6** Write down the plural of the following nouns:

(a) **guarda-roupa** 'wardrobe';
(b) **quarta-feira** 'Wednesday';
(c) **castanha-do-pará** 'Brazil nut';
(d) **porto-riquenho** 'Puerto Rican';
(e) **porta-retrato** 'photo frame';
(f) **puxa-saco** 'brown-noser/creep';
(g) **água-viva** 'jellyfish';
(h) **porco-espinho** 'hedgehog, porcupine';
(i) **curto-circuito** 'short circuit';
(j) **para-brisa** 'windshield/windscreen'.

4 ✱ Singular with plural meaning ⇨ **MBPG 3.4** The following sentences might be heard in colloquial spoken Portuguese. Rewrite them as they would be expressed in more formal written language.

(a) **Alemão é trabalhador.**
(b) **O Ricardo tem muito livro.**
(c) **Comprei laranja, banana e maçã.**
(d) **Aquela loja conserta computador.**
(e) **Lagartixa come inseto.**
(f) **O filho deles é louco por avião.**
(g) **Canal americano passa muito comercial.**
(h) **Português acha que brasileiro fala errado.**

5 ✱ Singular vs. plural ⇨ **MBPG 3.4** Translate these sentences. Use a dictionary if necessary.

(a) **Essa tesoura não corta.**
(b) **Só tenho três calças.**
(c) **Ele tirou o sapato.**
(d) **Eles colocaram o chapéu.**
(e) **Precisamos de um alicate.**
(f) **Tenho duas boas notícias.**
(g) **Aqueles móveis são muito velhos.**
(h) **Posso pedir uma informação?**
(i) **Os dados estão errados.**
(j) **O João tem olho verde.**

6 ✱ Plural in -ão ⇨ **Notes for Spanish Speakers**. Give the plural for each of the words below ending in -ão.

(a) mão → *mãos*
(b) pão → _____

Number and number agreement

(c) leão → _____

(d) cidadão → _____

(e) capitão → _____

(f) situação → _____

(g) emoção → _____

(h) caminhão → _____

(i) cinturão → _____

(j) irmão → _____

(k) verão → _____

(l) diversão → _____

(m) alemão → _____

(n) cão → _____

(o) lição → _____

(p) informação → _____

7 ★ Plural in -*l* ⇨ **Notes for Spanish Speakers**. Give the plural for each of the words below ending in -*l*.

(a) capital → _____

(b) animal → _____

(c) residencial → _____

(d) intelectual → _____

(e) municipal → _____

(f) hotel → _____

(g) confortável → _____

(h) espanhol → _____

(i) sol → _____

(j) azul → _____

(k) civil → _____

(l) barril → _____

4
Articles

1 ★ Forms of the definite article ⇨ **MBPG 4.1** Place the correct form of the definite article **o, a, os** or **as** before the following nouns.

(a) _____cidades
(b) _____ladrões
(c) _____dia
(d) _____mão
(e) _____casas
(f) _____televisão
(g) _____selo
(h) _____carros
(i) _____fogão
(j) _____sistemas
(k) _____fotos
(l) _____viagem
(m) _____mapa
(n) _____tribo

2 ★ Contractions of the definite articles with prepositions ⇨ **MBPG 4.1.3** Translate the following phrases using the words in parentheses:

(a) on the streets (**em – ruas**);
(b) by the arm (**por – braço**);
(c) of the others (**de – outros**);
(d) to the bank (**a – banco**);
(e) by the ends (**por – pontas**);
(f) in the cars (**em – carros**);
(g) to the children (**a – crianças**);
(h) from the school (**de – escola**);
(i) of the government (**de – governo**);
(j) along the beach (**por – praia**);
(k) in the book (**em – livro**);
(l) to the United States (**a – Estados Unidos**);
(m) from the islands (**de – ilhas**);
(n) on the table (**em – mesa**);
(o) through the fields (**por – campos**);
(p) from the fridge (**de – geladeira**);
(q) at the table (**a – mesa**).

DOI: 10.4324/9781003278627-5

3 ★★ Use of the definite article ⇨ **MBPG 4.1.4** Insert a definite article where necessary.

(a) ___ comida brasileira é saborosa, mas não é picante.
(b) O livro já foi traduzido para ___ português.
(c) ___ Shakespeare nasceu em 1564.
(d) Você conhece ___ Laura?
(e) ___ Espanha faz fronteira com ___ Portugal.
(f) ___ doutor Ricardo fala ___ inglês.
(g) ___ Microsoft lançou uma nova versão de ___ Windows.
(h) ___ Rio de Janeiro é a segunda maior cidade do Brasil.

Now translate the above sentences into English.

4 ★★ Use of the definite article ⇨ **MBPG 4.1.4–4.1.5** Translate the following sentences into Portuguese.

(a) He put his hand into his pocket and took out his wallet.
(b) Rita's computer was more expensive than Susana's.
(c) These apples are better than the ones I bought last week.
(d) I like the red jacket too, but I prefer the green one.
(e) I washed my face and brushed my teeth.
(f) I sorted (*separar*) my books into two piles: those I've read and those I haven't.

5 ★ Indefinite article ⇨ **MBPG 4.2** Place the correct form of the indefinite article (**um, uma, uns** or **umas**) before the nouns given in Exercise 1 above.

6 ★★ Use of the indefinite article ⇨ **MBPG 4.2.3** Insert an indefinite article where necessary.

(a) Ela é ___ arquiteta.
(b) O Artur fala ___ francês perfeito.
(c) Foi ___ excelente notícia.
(d) É uma pena ficar dentro de casa com ___ tempo tão bonito.
(e) Ele trabalha como ___ porteiro num prédio residencial.
(f) Quando faz sol, não saio sem ___ chapéu.
(g) Enfrentamos ___ trânsito intenso na volta da praia.
(h) Foi nessa época que o ator se tornou ___ budista.
(i) É preciso ___ coragem enorme para trabalhar de bombeiro.
(j) Havia um segurança de ___ terno e gravata na porta da boate.

Now translate the above sentences into English.

7 ★ Use of articles before countries, states and cities ⇨ **Notes for Spanish Speakers**. Add the appropriate article (*o, a, os, as*) where necessary. If no article is needed, mark it with 'x.'

(a) (___) Inglaterra
(b) (___) Estados Unidos
(c) (___) Brasília
(d) (___) Porto
(e) (___) Portugal
(f) (___) Cairo
(g) (___) Rio de Janeiro
(h) (___) Nova York
(i) (___) Los Angeles
(j) (___) Salvador
(k) (___) Bahia
(l) (___) Angola
(m) (___) Moçambique
(n) (___) Porto Rico

STRUCTURES

(o) (__) China

(p) (__) Canadá

(q) (__) Coreia do Sul

(r) (__) Irã

(s) (__) Timor-Leste

(t) (__) São Paulo

(u) (__) Minas Gerais

(v) (__) Tocantins

(w) (__) Pernambuco

(x) (__) Cidade do México

(y) (__) São Francisco

(z) (__) Paris

5
Adjectives and adverbs

1 Form and position of adjectives ⇨ **MBPG 5.1–5.2** Insert the adjective given in brackets in the correct position in the sentence, changing its form if necessary.

(a) É urgente solucionar os problemas. (*social*)
(b) Comprei livros naquela livraria. (*vários*)
(c) A economia não para de crescer. (*brasileiro*)
(d) Ela comeu a fatia de pão. (*último*)
(e) Passam programas nesse canal. (*interessante*)
(f) Quero apresentar a minha esposa. (*futuro*)
(g) O ator nasceu em Honolulu, no Havaí. (*paradisíaco*)
(h) Só li as páginas do livro. (*primeiro*)
(i) A Comunidade foi criada em 1957. (*europeu, econômico*)
(j) Tenho horas durante a semana. (*pouco, livre*)

Now translate the above sentences into English.

2 Adjectives with different meanings according to their position ⇨ **MBPG 5.3** Translate the phrases below into Portuguese, selecting an adjective from the box and putting it in the correct form and position in relation to the noun.

antigo	mesmo	único	mau	certo	novo	próximo	grande

(a) a great country   **país**
(b) an evil witch   **bruxa**
(c) a single sheet of paper   **folha de papel**
(d) a former work colleague   **colega de trabalho**
(e) a new computer   **computador**
(f) a nearby church   **igreja**
(g) the right direction   **direção**
(h) the same person   **pessoa**

3 Adjectives used as adverbs ⇨ **MBPG 5.5** Choose an adverb from the box to complete each sentence.

alto	rápido	baixo	direto	caro	direito	forte	junto

(a) O eletricista cobrou _____ pelo conserto.
(b) O carro bateu _____ contra um poste.

DOI: 10.4324/9781003278627-6

   (c) **Ele estava tão bêbado que não conseguia falar _____.**
   (d) **Saí do trabalho e fui _____ para casa.**
   (e) **Se você for ao shopping, vou _____.**
   (f) **Fala mais _____ que não estou te escutando.**
   (g) **As férias passaram tão _____ e já voltamos às aulas.**
   (h) **Ele dormiu com o rádio tocando bem _____.**

Now translate the above sentences into English.

4 ⁑   Formation of adverbs of manner ⇨ **MBPG 5.6–5.7** Form an adverb of manner using the adjective given in brackets and insert it in the correct position in the sentence.

   (a) **Ele liga nos domingos.** (*geral*)
   (b) **Os acumuladores são chamados de baterias.** (*comum*)
   (c) **O governo condenou a ação dos terroristas.** (*enérgico*)
   (d) **Leia as instruções.** (*lento e atento*)
   (e) **O japonês é uma língua difícil.** (*extremo*)
   (f) **Você não se lembra de mim.** (*provável*)
   (g) **O avião desapareceu dos radares.** (*misterioso*)
   (h) **Não é correto usar uma palavra dessas.** (*político*)

Now translate the above sentences into English, including the adverbs.

5 ⁎   Comparison of adjectives and adverbs ⇨ **MBPG 5.8–5.10** Insert the comparative or superlative form of the adjective or adverb given in brackets.

   (a) **São Paulo é _____ cidade do Brasil.** (*grande*)
   (b) **O marido da Mônica é _____ do que ela.** (*novo*)
   (c) **Precisamos de uma escada _____ para subir até o telhado.** (*comprido*)
   (d) **Foi _____ experiência da minha vida.** (*ruim*)
   (e) **Ela canta _____ do que as outras integrantes do grupo.** (*bem*)
   (f) **Não está passando nada _____ na televisão?** (*interessante*)
   (g) **Você tem essa mesma camiseta num tamanho _____ ?** (*pequeno*)
   (h) **Vamos precisar de _____ cadeiras.** (*muito*)
   (i) **Ele é o aluno _____ da sala.** (*inteligente*)
   (j) **Meu avô trabalha bem _____ hoje do que antigamente.** (*pouco*)

Now translate the above sentences into English.

6 ⁑   Absolute superlative ⇨ **MBPG 5.11** Choose an appropriate adjective from the box and put it into the absolute superlative to complete each sentence.

fácil	confortável	rico	ruim	feliz	lindo	bom	pequeno

   (a) **Ela vem de uma família _____.**
   (b) **As duas irmãs são _____ e ambas trabalham como modelos.**
   (c) **A prova de inglês foi _____ e passei sem problemas.**
   (d) **O apartamento deles é _____, mal cabem a cama e a mesa.**
   (e) **Eles ficaram _____ quando ganharam o concurso.**
   (f) **As poltronas da primeira classe são _____.**

(g) O jantar estava _____, tudo estava delicioso.

(h) Nós nos divertimos na viagem, mas o tempo estava _____.

⇨ **Further exercises involving adjectives: 36, 37**

6
Numbers and numerical expressions

1 ★ Cardinal numbers ⇨ **MBPG 6.1** Write out the following numbers and numerical expressions in full.

(a)	9	(k)	313
(b)	14	(l)	587
(c)	17	(m)	650 casas
(d)	18	(n)	1100 pessoas
(e)	26	(o)	2500 libras
(f)	55	(p)	7820 quilômetros
(g)	82	(q)	R$ 2 bi
(h)	103	(r)	US$ 14 mi
(i)	144	(s)	1,600,000 pessoas
(k)	216		

(Note that the abbreviations **mi** for **milhão/milhões** and **bi** for **bilhão/bilhões** are often used in writing and sometimes in speech.)

2 ★ Ordinal numbers ⇨ **MBPG 6.2** Write out in full the ordinal numbers in the following sentences.

(a) **Ele ficou em 5.º lugar na competição.**
(b) **Eles moram no 19.º andar.**
(c) **Comemoraram o 50.º aniversário da empresa.**
(d) **Ela chegou em 24.º lugar na maratona.**
(e) **Fui o 1.º a chegar na festa.**
(f) **O tenista brasileiro alcançou a 37.º colocação do ranking mundial.**
(g) **O restaurante já está em seu 11.º ano.**
(h) **Este mês, a revista chega a sua 1000.º edição.**
(i) **O 2.000.000.º passageiro da companhia aérea ganhou uma viagem para Miami.**
(j) **A 88.º cerimônia de entrega do Oscar será transmitida ao vivo.**

Now translate the sentences above into English.

3 ★★ Dates ⇨ **MBPG 6.4** Translate the following into Portuguese and then read your translations out loud.

(a) on November 17th, 1986
(b) Today is the 12th.

DOI: 10.4324/9781003278627-7

(c) from June 1st to August 31st
(d) With reference to (*Com referência a*) our letter of February 2nd, . . .
(e) since March 24th
(f) until September 30th, 2018

4 ⋆ Que horas são? ⇨ **MBPG 6.5** Write out in full the clock times shown below. Start your answers with **São** or **É** 'It's' as appropriate.

(a) 2.25
(b) 4.15
(c) 5.30
(d) 1.10
(e) 3.45
(f) 9.40
(g) 12.20 p.m.
(h) 11.55 p.m.

(i) 8.45 p.m.
(j) 3.30 a.m.
(k) 10.15 a.m.
(l) 2.20 p.m.
(m) the 20.35 train
(n) the 22.00 show (*sessão*)
(o) the 18.30 flight

5 ⋆⋆ Other numerical expressions ⇨ **MBPG 6.6–6.10** Translate the following numerical expressions, writing them out in full as you would pronounce them.

(a) 7.05%
(b) two and a half tons of sugar cane (*cana-de-açúcar*)
(c) It cost 7.25.
(d) a third of the candidates
(e) half a bottle of wine
(f) the remaining (*restante*) 20%
(g) a tenth of the size of Brazil
(h) Queen Elizabeth II
(i) two hundredths of a second
(j) half (of) the students
(k) three quarters of the population
(l) another £500 (*libras*)
(m) a twentieth of my salary (*salário*)

7
Personal pronouns

1 ⋆ First-person pronouns and forms of address in informal situations ⇨ **MBPG 7.1–7.2** Júlia calls her friend, Felipe, to invite him to go to the beach with her. Fill in the missing pronouns.

Júlia: **Oi Felipe, tudo bem? O que é que ___ (1) está fazendo?**
Felipe: **Nada. Por quê?**
Júlia: **___ (2) não quer ir à praia com ___ (3)?**
Felipe: **Ah, ___ (4) quero. Agora mesmo?**
Júlia: **É, vamos! ___ (5) passo aí para ___ (6) pegar.**
Felipe: **Ótimo. Liga para ___ (7) quando ___ (8) estiver chegando que espero ___ (9) na esquina.**
Júlia: **Está bom. Felipe, ___ (10) leva protetor solar para ___ (11)?**
Felipe: **Levo, claro. ___ (12) ___ (13) liga então?**
Júlia: **Ligo. Até daqui a pouco. Um beijo.**
Felipe: **Outro.**

2 ⋆ First-person pronouns and forms of address in formal situations ⇨ **MBPG 7.1–7.2** Marcelo phones a hotel to make a booking for himself and his wife. Complete the dialogue with the appropriate pronouns and forms of address.

Receptionist: **Hotel Jardins, bom dia.**
Marcelo: **Bom dia. ___ (1) queria fazer uma reserva.**
Receptionist: **Pois não. Qual é o nome ___ (2)?**
Marcelo: **Marcelo.**
Receptionist: **Então, senhor Marcelo, seria para ___ (3) mesmo?**
Marcelo: **Para ___ (4) e a minha esposa.**
Receptionist: **Para que data?**
Marcelo: **___ (5) queríamos chegar no dia 8 de julho e ficar até o dia 12.**
Receptionist: **Tudo bem. ___ (6) preferem uma suíte ou um apartamento simples?**
Marcelo: **Acho que o apartamento simples vai dar para ___ (7).**
Receptionist: **Tudo bem, senhor Marcelo. A reserva está confirmada então.**
Marcelo: **Ótimo. ___ (8) poderia ___ (9) enviar um e-mail confirmando?**
Receptionist: **Claro. Se ___ (10) quiser ___ (11) passar o seu e-mail, ___ (12) ___ (13) envio a confirmação em seguida.**

3 ⋆ Third-person pronouns in the spoken language ⇨ **MBPG 7.3** Replace the noun phrase in italics with the appropriate object pronoun, bearing in mind that these sentences are quoting spoken language.

DOI: 10.4324/9781003278627-8

(a) **Vi** *as minhas amigas* **ontem.**
(b) **Estou esperando** *os outros*.
(c) **Não lembro de ter visto** *a Suzana* **na festa.**
(d) **Acho que devíamos ajudar** *o pai*.
(e) **Tenho certeza que eu conheço** *aquela mulher* **de algum lugar.**
(f) **A polícia conseguiu prender** *os assaltantes*.
(g) **Deixei** *as cartas* **em cima da mesa.**
(h) **Achei um iogurte na geladeira e comi** *o iogurte*.

4 ⋆ Thid-person pronouns in the written language ⇨ **MBPG 7.3** Rewrite the sentences below replacing the noun phrase in italics with the appropriate object pronoun, bearing in mind that these sentences are in written-language style.

(a) **A polícia prendeu** *o suspeito*.
(b) **O site dá** *às crianças* **a possibilidade de fazer perguntas.**
(c) **O advogado deve enviar** *os documentos* **hoje.**
(d) **A testemunha não lembrava de ter visto** *a mulher*.
(e) **Não publicaram** *as fotos*.
(f) **A senhora se importa que eu faça uma pergunta** *à senhora*?
(g) **Obrigaram** *os rapazes* **a descer do ônibus.**
(h) **Pedimos** *ao senhor* **que preencha o formulário anexo.**
(i) **O passageiro que perder** *o bilhete* **pagará uma multa.**
(j) **O assaltante tinha roubado** *as joias*.

5 ⋆ Third-person pronouns ⇨ **MBPG 7.3, 7.5** Imagine you are writing a newspaper report based on an eyewitness account from a woman at the airport. Retell the story using written-language style. Start your report as follows:

A passageira Márcia Alves conta que o preso era um homem alto de bigode. Ela . . .

"Era um homem alto de bigode. Vi ele dentro do avião e já achei ele meio suspeito. Quando descemos do avião, reparei que ele estava com uma bolsa bem grande. Ele estava na minha frente e fui seguindo ele até o hall de desembarque. No hall de desembarque, uma mulher abordou ele e disse alguma coisa para ele em voz baixa. O homem empurrou ela e começou a correr. Apareceram dois policiais que foram atrás dele. O homem ainda estava com a bolsa, mas quando viu os policiais, largou no chão. Os policiais alcançaram ele na porta de saída. Prenderam ele e colocaram ele num camburão (*police van*)."

6 ⋆ Third-person pronouns ⇨ **MBPG 7.3** You are telling a friend about a story you read earlier in a magazine. Retell the story using spoken-language style.

A forma de José conhecer Bárbara foi bem romântica. Ele a via de vez em quando no ônibus e já a achava bonita. Desciam no mesmo ponto, mas ele nunca lhe dirigiu a palavra. Um dia, chovia muito na hora de os dois descerem do ônibus, e José resolveu lhe oferecer o guarda-chuva. Ela lhe respondeu que não queria deixá-lo sem guarda-chuva. Então ele lhe disse que, se ela não aceitasse levá-lo, pelo menos podiam dividi-lo. Assim ele a conheceu pessoalmente e, da próxima vez que se encontraram, convidou-a para sair. Depois de alguns meses de namoro, ele a pediu em casamento e ela aceitou.

STRUCTURES

7 ★ Position of object pronouns ⇨ **MBPG 7.5** Place the object pronoun given in brackets in the correct position in the sentence.

(a) **Ela disse que não amava mais.** (*o*)
(b) **Estamos divertindo aqui.** (*nos*)
(c) **Ele tinha falado dos problemas.** (*me*)
(d) **Ela pode classificar para a final.** (*se*)
(e) **Peço um pouco de paciência, senhora.** (*lhe*)
(f) **Elegeram para o cargo de vice-presidente.** (*a*)
(g) **Estamos aguardando.** (*os*)
(h) **Não esqueça as chaves. É melhor colocar no seu bolso desde já.** (*as*)

8 ★ Review. Replace the words in bold with the appropriate pronoun (me, nos, o, a, os, as, lo, la, los, las, no, na, nos, nas, lhe, lhes). You may need to make adjustments in the sentence to account for the position of the pronouns.

(a) A sercretária trouxe o arquivo **para mim**.
_____.

(b) A recepcionista atendeu **o cliente** hoje de manhã.
_____.

(c) Os clientes trouxeram **seus cartões** para o diretor.
_____.

(d) Os clientes trouxeram seus cartões **para o diretor**.
_____.

(e) Ontem fizemos uma visita **ao nosso fornecedor**.
_____.

(f) Fiquei de entregar **o projeto** aos clientes ainda hoje.
_____.

(g) Fiquei de entregar o projeto **aos clientes** ainda hoje.
_____.

(h) Não vi **as notícias** ontem.
_____.

(i) Comprei **presentes** para todos os meus amigos.
_____.

(j) Comprei presentes **para todos os meus amigos**.
_____.

(k) Os convidados levaram **um bolo** para o aniversariante.
_____.

(l) Os convidados levaram um bolo **para o aniversariante**.
_____.

(m) Eu levo **as crianças** para a escola.

_____.

(n) À tarde, minha esposa vai buscar **as crianças**.

_____.

(o) A secretária não disse "Bom dia" **para mim** hoje.

_____.

(p) Ela sempre diz o que pensa **para os amigos**.

_____.

(q) Vamos elevar **os preços das mercadorias** este mês.

_____.

8
Demonstratives

1 ★ Forms ⇨ **MBPG 8.2** Put the correct form of the demonstrative adjective shown before each noun.

esse
(a) _____razões
(b) _____dia
(c) _____maçã
(d) _____homens

aquele
(e) ___ moça
(f) ___ países
(g) ___ sofá
(h) ___ mulheres

este
(i) _____caso
(j) _____motivos
(k) _____datas
(l) _____situação

2 ★ Forms and usage ⇨ **MBPG 8.2–8.3** Pedro asks a passerby for directions. Fill in the gaps using **esse** or **aquele** in the appropriate form. In gap (4), insert the appropriate word for 'there' (**aí, ali** or **lá**).

Pedro: Por favor, como é que eu faço para chegar na estação do metrô?
Girl: Ahn, deixe eu ver – Você está vendo _____ (1) igreja do outro lado da praça? Ali, onde tem _____ (2) árvores?
Pedro: Estou, sim.
Girl: Bom, chegando perto da igreja, você vai ver uma ruazinha do lado esquerdo –
Pedro: Entre a igreja e _____ (3) prédio moderno?
Girl: É, _____ (4) mesmo. Então, você pega _____ (5) ruazinha e vai sair em outra praça. Saindo n _____ (6) outra praça, a estação de metrô fica à sua direita.
Pedro: Você pode me mostrar n _____ (7) mapa aqui?
Girl: Então, no momento estamos aqui, n _____ (8) praça. A ruazinha que eu te falei é _____ (9) aqui. E a outra praça é _____ (10) daqui.
Pedro: Ah, tá. Às vezes _____ (11) mapas são difíceis de entender, não é?
Girl: É, você precisa de um d _____ (12) celulares com GPS.
Pedro: É mesmo! Bom, muito obrigado, hein?
Girl: De nada. Boa sorte. Tchau.

3 ★ Forms and usage ⇨ **MBPG 8.3** Ana and Sônia are talking about a guy they met. Fill in the gaps using **esse** or **aquele** in the appropriate form.

Ana: Você lembra d _____ (1) cara que conhecemos n _____ (2) festa na casa do Paulo?
Sônia: Qual? _____ (3) que tinha a cabeça raspada?

DOI: 10.4324/9781003278627-9

Ana: **Não, _____ (4) é o irmão do Paulo. Não, _____ (5) outro, de olhos azuis.**

Sônia: **Ah, _____ (6)! É claro que eu lembro. Um gato, ele! O que é que ele tem?**

Ana: **Então, _____ (7) cara mora no meu prédio.**

Sônia: **Mentira! Como é que você sabe?**

Ana: **Eu vi ele entrando na garagem. Ele tem um d _____ (8) *scooters*, sabe?**

Sônia: **Sei. Mas de repente ele estava visitando alguém no prédio?**

Ana: **Não, porque n _____ (9) mesmo dia, teve uma reunião dos moradores, e ele estava na reunião.**

Sônia: **Acho que você devia chamar _____ (10) seu vizinho para sair um dia d _____ (11)!**

4 ★ Demonstrative adverbs ⇨ **MBPG 8.5** Sérgio is talking to his friend, Fábio, on the phone. Insert the correct demonstrative adverb (**aqui, cá, aí, ali** or **lá**).

Sérgio: **Você quer vir para ___ (1), ou você prefere que eu vá ___ (2)?**

Fábio: **Para mim, tanto faz. Vai ter almoço ___ (3) na sua casa?**

Sérgio: **Não, porque os meus pais foram na casa dos meus tios. Vai ter churrasco ___ (4).**

Fábio: **Ah, então vem ___ (5) em casa. Comemos um lanche e depois estudamos.**

Sérgio: **Tá bom. Ih, preciso comprar um novo caderno.**

Fábio: **Tem aquela papelaria do lado da minha casa. Pode comprar ___ (6).**

Sérgio: **Tá bom então. Quando chegar ___ (7), eu compro. Já vou indo.**

5 ★ Review. Complete the sentences with the appropriate demonstrative based on the description in parentheses. Notice the gender and number agreement.

(a) (proximidade do falante) _____ tua miga me interrompe constantemente.

(b) (distância do falante e do ouvinte) _____ estudantes sabem trabalhar em equipe.

(c) (proximidade do ouvinte) _____ irmão da Verônica é muito estudioso.

(d) (distância do falante e do ouvinte) _____ empresários que estiveram conosco em 2010 voltarão este ano.

(e) (proximidade do falante) _____ livros de contos são formidáveis.

(f) (proximidade do falante) _____ crianças de hoje são corajosas.

(g) (proximidade do ouvinte) _____ coisas me deixam arrepiado.

(h) (distância do falante e do ouvinte) _____ representante que lhe vendeu os medicamentos insiste em falar com você.

9
Possessives

DOI: 10.4324/9781003278627-10

1 ★ Forms ⇨ **MBPG 9.2** Put a possessive in the correct form before each noun using the prompt given in parentheses. Insert the appropriate definite article (**o**, **a**, **os**, **as**) before the possessive in each case.

(a) _____**mãos** *(my)*
(b) _____**casa** *(our)*
(c) _____**livros** *(your)*
(d) _____**amigos** *(our)*
(e) _____**avó** *(my)*
(f) _____**bicicleta** *(your)*
(g) _____**país** *(our)*
(h) _____**coisas** *(your)*
(i) _____**pais** *(my)*
(j) _____**viagens** *(our)*
(k) _____**avô** *(your)*
(l) _____**pé** *(my)*

2 ★ Forms ⇨ **MBPG 9.2–9.3** Use an appropriate possessive expression to complete the sentences.

(a) Jorge e Cecília vão casar. _____ casamento _____ vai ser em junho.
(b) Sou de descendência italiana. _____ avó _____ ainda fala italiano.
(c) Fizemos várias provas ontem. Hoje vamos receber _____ notas _____.
(d) Você é muito amigo do Douglas. Você conhece _____ pais _____ também?
(e) Vocês moram num lugar tão lindo. Adoro _____ casa _____.
(f) A Sílvia tem um cachorro muito fofo. Você já viu _____ cachorro _____ ?
(g) É longe para ir a pé. Posso ir com _____ bicicleta _____ ?
(h) Quando fizer aniversário, vou convidar todos _____ amigos _____ para um churrasco.

3 ★ Forms ⇨ **MBPG 9.2–9.3** Complete the sentences according to the prompt given in parentheses.

(a) Você me mostra as suas fotos e eu te mostro _____ *(mine)*.
(b) Tenho os meus CDs para tocar na festa, e pedi para as minhas amigas trazerem _____ *(theirs)* também.
(c) Eu fui com o meu carro e o Cláudio foi com _____ *(his)*.
(d) A Sandra acha que a minha câmera é melhor do que _____ *(hers)*.
(e) Eu trouxe o meu celular. Você está com _____ *(yours)*?
(f) Os filhos deles frequentam o mesmo colégio que _____ *(ours)*.

DOI: 10.4324/9781003278627-10

(g) **É uma oportunidade para apresentarmos as nossas ideias e para ouvirmos** _____ (*theirs*).

(h) **Vamos juntar a nossa mesa com** _____ (*yours, plural*).

4 ⋆ Use of possessives ⇨ **MBPG 9.4–9.8** Translate the following sentences into Portuguese.

(a) They want a house of their own.
(b) He married a cousin of mine.
(c) Are these keys yours?
(d) He loves his children.
(e) Where's that brother of yours?
(f) That's not true, you liar!

⇨ **Further exercises involving possessives: 34, 40**

5 ⋆ Use of possessives ⇨ **MBPG 9.4–9.8**. Rewrite the sentences using the appropriate possessives to avoid repetition of the noun.

(a) O seu cachorrinho se dá muito bem com o meu cachorrinho.
O seu cachorrinho se dá muito bem com o meu.

(b) Gosto muito mais da sua estilista do que da minha estilista.
_____.

(c) Estas são as minhas camisas. As suas camisas estão no guarda-roupa.
_____.

(d) Aquela é a minha casa. A sua casa fica no próximo quarteirão.
_____.

(e) Eu trabalho muito mais do que ela e o salário dela é muito mais alto do que o meu salário. Que tristeza!
_____.

(f) Os nossos filhos estudam no centro e os filhos deles estudam perto do shopping.
_____.

(g) Eu prefiro o café da minha mãe do que o seu café.
_____.

(h) O meu carro não tem ar-condicionado, mas o carro dela tem e é muito bom.

10
Relative pronouns

1

que, quem, o que ⇨ **MBPG 10.1–10.3** Fill in the blanks with **que**, **quem** or **o que**. In some cases, there is more than one possibility.

(a) A mulher com ___ eu falava é a minha professora de português.
(b) Não lembro o nome do filme ___ vimos naquele dia.
(c) ___ ganhou o campeonato foi o brasileiro.
(d) É uma situação a ___ nós temos que nos acostumar.
(e) Vou contar tudo ___ eu sei sobre o caso.
(f) A pessoa ___ telefonou era homem ou mulher?
(g) ___ falta no trabalho deles é originalidade.
(h) Ele não ganhou o concurso, ___ foi uma grande decepção para ele.
(i) Essa é a cor de ___ eu gosto mais.
(j) Não acredito em nada ___ ela diz.

Now translate the sentences above into English.

2

o/a qual, cujo ⇨ **MBPG 10.4–10.5** Fill the blanks with the correct form **o/a qual**, **os/as quais** or **cujo(s)/a(s)**.

(a) Fundaram uma empresa no Brasil, _____ produzia sapatos.
(b) Aqui são armazenadas mercadorias _____ destino final é a Europa.
(c) São preconceitos contra _____ deveríamos lutar.
(d) O aparelho foi testado em caminhões, _____ quilometragem mensal é bastante elevada.
(e) Isso é impossível devido às circunstâncias diante de _____ nos encontramos atualmente.
(f) É um costume _____ raízes se perdem nas brumas do tempo.
(g) Ela não tinha nenhuma recordação da ocasião _____ me referia.
(h) A creche cuida de crianças _____ pais trabalham durante o dia.

Now translate the above sentences into English.

3

Translating relative clauses ⇨ **MBPG 10** Translate the following sentences into Portuguese.

(a) The book I'm reading is very interesting.
(b) The town she comes from is a long way from here.
(c) That's not the movie I'm talking about.
(d) I've never laughed as much as I did that night.
(e) It was raining the day I got here.
(f) What's the name of the place we're going to tomorrow?

DOI: 10.4324/9781003278627-11

(g) The pictures (*As imagens*) show the moment when the bomb exploded.
(h) Anyone who drives in São Paulo needs a lot of patience.

4 ★ Review ⇨ **MBPG 10.** Complete the sentences below with the appropriate relative pronoun.

(a) O senhor de _____ te falei é o pai do Pedro.
(b) Na época em _____ íamos para a praia, só iam umas cem pessoas.
(c) No momento em _____ ele entrou na sala, todas as pessoas se levantaram.
(d) A senhora _____ filho está muito doente é professor na escola secundária.
(e) O café a _____ constumávamos ir chamava-se Bom Café.
(f) O Lucas me pediu o livro _____ você me emprestou.
(g) Os homens _____ nos visitaram são do IBGE.
(h) A Juliana gostou muito do filme do _____ você tinha falado.
(i) Estas são as moças com _____ minha filha mora em Nova Orleans.
(j) Vemos aqui três obras de Portinari nas _____ se nota a tendência Modernista.
(k) O rapaz por _____ a Luíza se apaixonou é o primo da Kátia.
(l) Nunca devemos esquecer as ideais pelas _____ lutamos.
(m) Foi este o assunto sobre _____ ele falou por seis horas.
(n) A casa em _____ eles moram fica a cinquenta quilômetros da cidade.

11

Interrogatives

1 ★ Interrogatives ⇨ **MBPG 11.1–11.13** Fill each blank with an appropriate interrogative word.

(a) _____ dia ela chega?
(b) _____ é o seu endereço?
(c) _____ você fez durante as férias?
(d) Com _____ você vai jogar tênis?
(e) _____ você decidiu estudar português?
(f) O senhor quer uma mesa para _____ ?
(g) Na sua opinião, _____ são os melhores filmes do ano?
(h) _____ você pagou pelo seu celular?
(i) _____ se chama essa fruta em português?
(j) _____ são essas pessoas na foto?
(k) _____ fica o seu escritório?
(l) _____ dos três irmãos é o caçula?
(m) _____ colheradas de açúcar você põe no seu café?
(n) Até _____ eles vão ficar nos Estados Unidos?
(o) _____ é a comida no Brasil?
(p) _____ você precisa de tanto dinheiro?
(q) _____ a gente pedir uma pizza?
(r) _____ a Sandra? Preciso falar com ela.

2 ★★ *Que, o que* or *qual*? ⇨ **MBPG 11.1–11.3** Fill in the blanks with **que, o que** or **qual**.

(a) _____ é o seu e-mail?
(b) _____ é o problema?
(c) _____ idade ele tem?
(d) _____ você acha?
(e) _____ é a sua opinião?
(f) _____ aconteceu aqui?
(g) _____ é o programa para hoje?
(h) Você sabe _____ foi a desculpa dele?
(i) _____ desculpa ele deu?
(j) _____ era a sua intenção?

3 ★★★ Translate the following sentences using an interrogative word. ⇨ **MBPG 11.14**

(a) I don't know how to get back to the hotel.
(b) Is there anywhere to change money around here?
(c) Do you have anything to write with?

 DOI: 10.4324/9781003278627-12

(d) There is no reason to be afraid.

(e) There was nowhere to sit.

(f) Is there some way of helping them?

⇨ **Further exercises involving interrogatives: 31(5, 7), 33(3), 35(3, 4)**

12
Exclamations

1 ★

Bárbara meets her old college friend, Tereza, in the street. Fill in the missing words.

Bárbara: **Oi, Tereza! _____ (1) surpresa!**

Tereza: **Bárbara! _____ (2) tempo, hein?**

Bárbara: **Pois é, faz pelo menos dez anos.**

Tereza: **Gente, _____ (3) o tempo passa rápido, não é? Parece ontem que a gente estava se formando. Como é que você está?**

Bárbara: **Estou ótima. E você?**

Tereza: **Estou bem. _____ (4) bom te ver de novo!**

Bárbara: **Também acho. Nossa, _____ (5) sinto saudade daquela época da faculdade!**

Tereza: **Eu também. _____ (6) boas lembranças!**

Now translate the dialogue into English.

DOI: 10.4324/9781003278627-13

13
Indefinite adjectives and pronouns

1 ★ todo(s)/toda(s), tudo ⇨ **MBPG 13.1–13.2** Sandra is writing an email to her boyfriend, Rodrigo, about her trip to Rio de Janeiro to visit her cousins, Gabriela and Gisele. Fill in the blanks, using **todo(s)**, **toda(s)** or **tudo** in the correct form.

> **Oi amor, _____ (1) bem?**
>
> **Não prometi escrever para você _____ (2) dia? Então, antes de dormir, vou te contar _____ (3) o que aconteceu hoje. Tomei café com as minhas primas e, depois, fomos _____ (4) à praia. Parecia que _____ (5) os cariocas estavam na praia hoje, quase não tinha lugar para sentar. Passei protetor solar, mas mesmo assim fiquei _____ (6) vermelha do sol. Depois da praia, fomos almoçar. O meu prato estava delicioso, mas muito grande, e não consegui comer _____ (7). Voltamos para casa e passamos a tarde _____ (8) escutando música e conversando. À noite jantamos com os meus tios e meu outro primo. _____ (9) perguntaram de você e mostrei _____ (10) as fotos suas que tenho no meu celular.**

Now translate the above text into English.

2 ★ Complete each sentence with a word from the box, changing its form if necessary. ⇨ **MBPG 13.3–13.11**

alguém	qualquer	um tal	ambos	cada	algum	outro	algo

(a) **A situação está piorando a _____ dia.**
(b) **Uma testemunha disse que viu _____ pulando o muro.**
(c) **Havia _____ diferente na aparência dela.**
(d) **_____ as irmãs estudam medicina.**
(e) **O Bob passou _____ meses viajando pelo Brasil.**
(f) **Nós vamos precisar de _____ cadeira, para mais uma pessoa.**
(g) **Acho melhor recolher a roupa do varal. Vai chover a _____ momento.**
(h) **_____ de Beatriz ligou para você.**

Now translate the above sentences into English.

3 ★★ Expressions of quantity ⇨ **MBPG 13.12** How would you say the following in Portuguese?

(a) a lot of people
(b) few words
(c) a few words
(d) I don't speak much Portuguese
(e) I speak a little Portuguese
(f) more chairs

DOI: 10.4324/9781003278627-14

(g) less money
(h) plenty of space
(i) several weeks
(j) little time
(k) many Brazilians

(l) so much work
(m) quite a few cars
(n) a lot of patience
(o) not many customers
(p) a little less noise

4 ★ 'Else' ⇨ **MBPG 13.14** Translate the words in brackets to complete the sentences.

(a) **Vem _____ (*anyone else*)?**
(b) **Acho que você está me confundindo com _____ (*somebody else*).**
(c) **_____ (*Anything else*), senhora?**
(d) **Se ela não gostar do presente, pode trocá-lo por _____ (*something else*).**
(e) **Acho melhor estacionar _____ (*somewhere else*).**
(f) **Se _____ (*all else*) falhar, reinicie o computador.**

5 ★ todo(s)/toda(s), tudo, cada ⇨ **Notes for Spanish Speakers** Complete with todo, toda, todos, todas, tudo, or cada.

(a) — Você precisa comprar _____ o que você vê na loja?
      — Mais ou menos, _____ vez que vejo uma promoção, não resisto. Comprei
        muitas roupas para _____ a família dessa vez, pagando muito pouco por
        _____ peça.
(b) O Pedro é muito engraçado, ele conta _____ história difícil de acreditar. Alias,
      acho que não se pode levar a sério _____ o que ele diz.
(c) A Mariana trouxe uma lembrança para _____. Para _____ amigo, ela
      comprou algo especial.
(d) Há muitos anos atrás, havia camelôs em _____ esquina do centro da cidade.
(e) Quando ela chegou, disse bom dia a _____ e pediu que _____ um a
      procurasse para uma conversa mais tarde.
(f) Ontem, quando saí de casa, esqueci o guarda-chuva e me molhei _____. Hoje,
      lembrei do guarda-chuva, mas esqueci de novo no ônibus e perdi. _____ coisa
      que me acontece!
(g) Ela fica mais esperta _____ dia que passa.
(h) — Aquele menino comeu _____ os doces?
      — Não. Ele deu um doce para _____um dos amiguinhos.
(i) Este bairro tem _____ apartamento bonito! Pena que são tão caros.
(j) _____ dia ele aparece com uma roupa diferente. Parece que ele renovou o
      guarda-roupa _____.

14
Negatives

1 ★ Complete the negative answers below. ⇨ **MBPG 14**

(a) **Você fala chinês? – Não, eu _____ falo chinês.**
(b) **Você entendeu alguma coisa? – Não, _____ entendi _____ .**
(c) **Alguém ligou enquanto eu não estava? – Não, _____ ligou.**
(d) **Você já esquiou alguma vez? – Não, eu _____ esquiei.**
(e) **Você já namorou o Ricardo? – Não, eu _____ conheço o Ricardo direito.**
(f) **Será que vai chover hoje? – Não, _____ vai chover _____ hoje _____ amanhã.**
(g) **O Cláudio deixou algum recado? – Não, ele _____ deixou _____ recado.**
(h) **Você contou o segredo para alguém? – Não, eu _____ disse _____ a _____ .**

2 ★ Luciana is complaining about her boyfriend, Rafael. Rafael defends himself by denying each one of her statements. Fill in what Rafael says, replacing the words in italics with an appropriate negative. ⇨ **MBPG 14**

Example:

Luciana: **Você *sempre* deixa os armários abertos.**
Rafael: ***Eu nunca deixo os armários abertos.***
Luciana: **Você *sempre* chega tarde.**
Rafael: (a) _____ .
Luciana: **Você *sempre* deixa *alguma coisa* para eu arrumar.**
Rafael: (b) _____ .
Luciana: **Você *sempre* bota *algum* defeito na minha aparência.**
Rafael: (c) _____ .
Luciana: **Você *sempre* sai com *alguém* no sábado à noite.**
Rafael: (d) _____ .
Luciana: **Você *sempre* tem *algo* a reclamar.**
Rafael: (e) _____ .

DOI: 10.4324/9781003278627-15

15

Regular verb conjugations

1 ★ Present, imperfect and preterite indicative ⇨ **MBPG 15.3–15.5** Give the indicated form for the present, imperfect and preterite of these regular verbs.

Example:

cantar (*vocês/eles/elas*) > cantam, cantavam, cantaram

(a) **puxar** (*nós*)

(b) **viver** (*você/ele/ela*)

(c) **dividir** (*eu*)

(d) **cumprir** (*vocês/eles/elas*)

(e) **duvidar** (*você/ele/ela*)

(f) **receber** (*nós*)

(g) **escutar** (*eu*)

(h) **defender** (*você/ele/ela*)

(i) **omitir** (*nós*)

(j) **bater** (*vocês/eles/elas*)

(k) **tirar** (*você/ele/ela*)

(l) **imprimir** (*eu*)

(m) **partir** (*você/ele/ela*)

(n) **meter** (*vocês/eles/elas*)

(o) **adorar** (*eu*)

(p) **desistir** (*nós*)

(q) **jantar** (*vocês/eles/elas*)

(r) **correr** (*eu*)

(s) **exibir** (*vocês/eles/elas*)

(t) **ajudar** (*nós*)

(u) **ceder** (*eu*)

(v) **expandir** (*você/ele/ela*)

(w) **roubar** (*vocês/eles/elas*)

(x) **depender** (*nós*)

2 ★★ Present subjunctive ⇨ **MBPG 15.6, 20.3, 20.6** Change the infinitive in brackets into the appropriate form of the present subjunctive.

(a) **Espero que vocês (*gostar*) do presente.**

(b) **É importante que eles (*assistir*) à reunião.**

(c) **Tomara que nós (*ganhar*).**

(d) **Talvez ele não (*entender*) português.**

(e) **Eles querem que eu (*lavar*) toda essa roupa.**

(f) **Ela prefere que nós (*comer*) mais tarde.**

(g) **É possível que ele (*decidir*) ficar.**

(h) **Não me surpreende que eles (*sofrer*).**

(i) **Sugerem que nós (*dividir*) um quarto.**

Now translate the above sentences into English.

3 ★★ Imperfect subjunctive ⇨ **MBPG 15.7, 20.3–20.6** Change the infinitive in brackets into the appropriate form of the imperfect subjunctive.

(a) **Eles queriam que nós (*deixar*) as bolsas na entrada.**

(b) **Se eu (*vender*) o meu carro, teria dinheiro para viajar.**

DOI: 10.4324/9781003278627-16

(c) **Acho que seria melhor se vocês** (*imprimir*) **o documento em preto e branco.**
(d) **Por mais que ele** (*insistir*)**, ela não cedeu.**
(e) **E se a gente** (*pintar*) **o banheiro de verde?**
(f) **O povo exigia que as autoridades** (*prender*) **o suspeito.**
(g) **Era inevitável que a eleição** (*coincidir*) **com o feriado.**
(h) **Ele pediu aos alunos para avisá-lo quando** (*terminar*) **a prova.**
(i) **Ela não gostava que nós nos** (*meter*) **na vida dela.**

Now translate the above sentences into English.

4 ⋆ Future subjunctive ⇨ **MBPG 15.8, 20.4–20.5** Change the infinitive (in parentheses) into the appropriate form of the future subjunctive.

(a) **Se vocês** (*precisar*) **de ajuda, podem me chamar.**
(b) **Nós podemos fazer da nossa vida o que bem** (*entender*)**.**
(c) **Quem** (*desistir*) **da viagem terá que pagar uma taxa.**
(d) **Se eu** (*acordar*) **cedo amanhã, vou à feira comprar peixe.**
(e) **Quando nós** (*decidir*) **o que vamos fazer, avisamos você.**
(f) **Se** (*chover*)**, eu não vou sair.**
(g) **Se vocês** (*permitir*)**, gostaria de fazer um comentário a esse respeito.**
(h) **Nós vamos mandar notícias assim que** (*chegar*)**.**
(i) **Isso depende do que eles** (*responder*)**.**

Now translate the above sentences into English.

5 ⋆ Future and conditional ⇨ **MBPG 15.9** Give the indicated form for the future and conditional of these regular verbs.

Example:

cantar (*nós*) > **cantaremos, cantaríamos**

(a) **vencer** (*nós*)
(b) **voltar** (*você/ele/ela*)
(c) **demitir** (*eu*)
(d) **perder** (*vocês/eles/elas*)
(e) **pagar** (*eu*)
(f) **resistir** (*vocês/eles/elas*)
(g) **colaborar** (*nós*)
(h) **escolher** (*você/ele/ela*)

6 ⋆ Regular verbs with spelling changes ⇨ **MBPG 15.12** Complete each sentence with the appropriate form of the verb shown in brackets.

(a) **Pego o ônibus em frente da minha casa e** _____ (*descer*) **na estação de metrô.**
(b) **Ela** _____ (*roer*) **as unhas desde criança.**
(c) **É importante que vocês** _____ (*colocar*) **o nome no papel.**
(d) **Antigamente ele** _____ (*sair*) **muito com os amigos.**
(e) **Uma vez por ano, a minha avó** _____ (*reunir*) **a família inteira para uma festa.**
(f) **Você deve estar cansado. Quer que eu** _____ (*dirigir*)**?**
(g) **A natureza às vezes** _____ (*destruir*) **o que o homem** _____ (*construir*)**.**

(h) A lei _____ (*proibir*) a discriminação racial.

(i) Eu _____ (*começar*) a estudar português no ano passado.

(j) O rio Amazonas _____ (*desaguar*) no Atlântico.

(k) Desculpa, acho que eu _____ (*pegar*) a sua caneta por engano.

(l) Ontem eu _____ (*cair*) da moto e _____ (*machucar*) o braço.

(m) Um bom motorista _____ (*frear*) ao se aproximar de um cruzamento.

(n) Quero agradecer a todos que _____ (*contribuir*) para o sucesso do projeto.

(o) Quando eu tentava correr, o meu joelho _____ (*doer*) muito.

(p) O adubo faz com que as plantas _____ (*crescer*) mais rapidamente.

(q) Eu _____ (*ficar*) chocado quando soube o que aconteceu.

(r) O número de casos de dengue tem _____ (*diminuir*) nos últimos meses.

(s) Ela quer que nós _____ (*almoçar*) juntos amanhã.

(t) É provável que a medida _____ (*provocar*) muitos protestos.

(u) Quando passo condicionador no cabelo, sempre _____ (*enxaguar*) muito bem.

(v) Respeito os outros e _____ (*exigir*) respeito.

(w) Devemos fazer de tudo para evitar que as línguas indígenas se _____ (*extinguir*).

(x) Eu _____ (*apagar*) as luzes e saí da sala.

Now translate the above sentences into English.

16
Semi-irregular and irregular verbs

1 ★ Radical-changing verbs ⇨ **MBPG 16.1** Place each verb from the box in column A or B according to the conjugation pattern it follows, writing out the forms shown in full for each one.

repetir	prevenir	conseguir	digerir	agredir	vestir	denegrir

A
sentir:
eu sinto, você sente, eles sentem
(*etc.*)

B
progredir:
eu progrido, você progride, eles progridem
(*etc.*)

2 ★ Radical-changing verbs ⇨ **MBPG 16.1** Complete each sentence with the correct form of the verb shown in brackets.

(a) **Nos domingos, eu _____ (*dormir*) até tarde.**
(b) **Eles exigem que nós _____ (*seguir*) as instruções.**
(c) **Quando _____ (*tossir*), meu peito dói.**
(d) **Eu quero que você lave e _____ (*polir*) o carro.**
(e) **O problema se deve a motivos que _____ (*fugir*) ao nosso controle.**
(f) **Espero que eles não _____ (*descobrir*) a verdade.**
(g) **Toda vez que eu preciso dele, ele _____ (*sumir*).**
(h) **Minha garganta dói quando _____ (*engolir*).**
(i) **Eu _____ (*preferir*) comer alimentos saudáveis.**
(j) **Os cientistas não acreditam que a substância _____ (*prevenir*) o câncer.**
(k) **É importante que eles _____ (*refletir*) bem antes de tomar uma decisão.**
(l) **Espero que essa experiência te _____ (*servir*) de lição para o futuro.**
(m) **Como a mesa é muito velha, eu sempre _____ (*cobrir*) ela com uma toalha.**
(n) **Esse produto _____ (*desentupir*) ralos entupidos.**
(o) **Os jogadores dão um péssimo exemplo quando se _____ (*agredir*) no campo.**

Now translate the above sentences into English.

DOI: 10.4324/9781003278627-17

3 ⋆ Semi-irregular verbs ⇨ **MBPG 16.2** Complete the table below, filling in the same forms of the other verbs.

Infinitive	Present indicative			Present subjunctive
falar	eu falo	você fala	eles falam	talvez ele fale
ler	eu____	você____	eles____	talvez ele____
despedir	eu____	você____	eles____	talvez ele____
odiar	eu____	você____	eles____	talvez ele____
sorrir	eu____	você____	eles____	talvez ele____
perder	eu____	você____	eles____	talvez ele____
reduzir	eu____	você____	eles____	talvez ele____
ouvir	eu____	você____	eles____	talvez ele____

4 ⋆ Irregular verbs: present, imperfect and preterite ⇨ **MBPG 16.3** Give the indicated form for the present, imperfect and preterite of these irregular verbs.

Example:

pôr *(vocês/eles/elas)* > põem, punham, puseram

(a) saber *(eu)*
(b) dizer *(você/ele/ela)*
(c) ir *(vocês/eles/elas)*
(d) pôr *(nós)*
(e) dar *(eu)*
(f) poder *(você/ele/ela)*
(g) trazer *(eu)*
(h) ter *(vocês/eles/elas)*
(i) fazer *(você/ele/ela)*
(j) vir *(nós)*
(k) ver *(nós)*
(l) estar *(eu)*
(m) dispor *(vocês/eles/elas)*
(n) querer *(você/ele/ela)*
(o) ser *(nós)*
(p) provir *(você/ele/ela)*

5 ⁑ Irregular verbs: present subjunctive ⇨ **MBPG 16.3, 20.3, 20.6** Change the infinitive (in parentheses) into the appropriate form of the present subjunctive.

(a) **Espero que ele não _____ *(fazer)* nenhuma besteira.**
(b) **É importante que nós _____ *(ter)* fé.**
(c) **Acho que eles vão querer sair à noite, a não ser que _____ *(estar)* cansados.**
(d) **É impossível que _____ *(haver)* algum problema.**
(e) **Tomara que isso tudo _____ *(caber)* numa só mala.**
(f) **Por mais caro que _____ *(ser)*, o quadro constitui um excelente investimento.**
(g) **Aonde quer que ela _____ *(ir)*, as pessoas a reconhece.**
(h) **Quer _____ *(querer)* ou não, você vai ter que parar de fumar.**
(i) **Eu quero que você me _____ *(dizer)* a verdade.**
(j) **Sugiro que nós _____ *(ver)* alguns exemplos.**

Now translate the above sentences into English.

6 ⁑ Irregular verbs: imperfect subjunctive ⇨ **MBPG 16.3, 20.3–20.6** Change the infinitive (in parentheses) into the appropriate form of the imperfect subjunctive.

(a) **Se eu _____ *(poder)*, ajudaria você.**
(b) **Por mais frio que _____ *(fazer)*, ele estava sempre de camiseta.**

(c) Ele disse que ligaria para mim quando _____ (*ter*) tempo.
(d) Eu queria que você _____ (*pôr*) um pingo de leite no meu café.
(e) Se não _____ (*ser*) o seu ato de coragem, eu não estaria aqui hoje.
(f) As crianças talvez _____ (*estar*) com medo.
(g) Eu esperava que vocês _____ (*vir*) para cá.
(h) Eu queria que vocês _____ (*ver*) a minha casa.
(i) Eles preferiam que nós não _____ (*dar*) a nossa opinião.
(j) O cachorro avançou, como se _____ (*ir*) me morder.

Now translate the above sentences into English.

7 ⋆ Irregular verbs: future subjunctive ⇨ **MBPG 16.3, 20.4–20.5** Change the infinitive (in parentheses) into the appropriate form of the future subjunctive.

(a) Vocês podem ficar aqui, se _____ (*querer*).
(b) Quando eles nos _____ (*dizer*) alguma coisa, mandamos notícias.
(c) Qualquer pessoa que você _____ (*trazer*) será bem-vinda.
(d) Haja o que _____ (*haver*), eu estarei sempre ao seu lado.
(e) Você sempre pode dormir aqui se _____ (*ser*) o caso.
(f) Eles vão rejeitar qualquer coisa que nós _____ (*propor*).
(g) Meu pai vai ficar bravo quando _____ (*saber*) disso.
(h) Se vocês _____ (*estar*) com fome, podem fazer um lanche.
(i) Você pode contar comigo para o que _____ (*dar*) e _____ (*vir*).
(j) Se você _____ (*ver*) a Cristina, fala para ela me ligar.

Now translate the above sentences into English.

17

Gerunds, past participles, compound perfect tenses and the passive

1 ★ Formation and use of the gerund ⇨ **MBPG 17.1** Paulo, a teacher of Portuguese for foreigners, is working at the computer while a colleague of his, Tânia, is sitting reading a book. Complete the dialogue using the gerund of each of the verbs shown in brackets.

Paulo: **Que livro é esse que você está _____ (1 ler)?**
Tânia: **É um livro de francês. Estou _____ (2 aprender) francês.**
Paulo: **Você está _____ (3 gostar)?**
Tânia: **Estou _____ (4 adorar), se bem que estou _____ (5 ter) um certa dificuldade com a pronúncia. Achei um site na Internet com gravações e fico _____ (6 escutar) e _____ (7 repetir) as frases. Estou _____ (8 pensar) em procurar um professor particular, estou _____ (9 precisar) de alguém que me corrija, sabe? E você, o que é que você está _____ (10 fazer)?**
Paulo: **Agora estou _____ (11 escrever) uns e-mails. Antes eu estava _____ (12 corrigir) um texto escrito por um dos meus alunos. Por isso que eu estava _____ (13 rir).**
Tânia: **Dos erros dele?**
Paulo: **Não, do conteúdo mesmo. Ele escreveu um texto _____ (14 contar) as impressões dele sobre o Brasil e _____ (15 descrever) algumas das coisas que ele estranha aqui.**
Tânia: **Mas ele gosta do Brasil?**
Paulo: **Muito. Na verdade, ele está _____ (16 querer) ficar aqui para sempre.**

2 ★★ Gerunds in expressions of movement ⇨ **MBPG 17.1** Gerunds are often used in descriptions of movement to express how the subject is moving while the main verb expresses the direction of movement. This is different from English, where a main verb expressing the form of movement is combined with an adverb or preposition of direction. Translate the sentences below into Portuguese using the verbs shown in brackets. The first one has been done for you.

(a) He rowed across the river. (*atravessar – remar*) > **Ele atravessou o rio remando.**
(b) It's dangerous to run across the street. (*atravessar – correr*)
(c) This year has flown by. (*passar – voar*)
(d) We cycled/biked to the beach. (*ir – pedalar*)
(e) It's fun to ski down the mountain. (*descer – esquiar*)
(f) I had to push my bike up the hill (*ladeira*). (*subir – empurrar*)
(g) She likes to walk home occasionally. (*voltar – andar*)

DOI: 10.4324/9781003278627-18

(h) The teacher rushed into the classroom and apologized for being late. (*entrar – correr*)
(i) I don't want to drive back on my own. (*voltar – dirigir*)
(j) It was midnight when Jack finally staggered out of the bar. (*sair – cambalear*)

3 Past participle ⇨ **MBPG 17.2** Complete each of the following sentences with the past participle of the verb shown in brackets, making the past participle agree in gender (masculine or feminine) and number (singular or plural) where necessary.

(a) **Eu tinha _____ (*conversar*) longamente com eles.**
(b) **As montanhas estavam _____ (*cobrir*) de neve.**
(c) **O presidente havia _____ (*dizer*) a mesma coisa.**
(d) **Nós tínhamos _____ (*vender*) a casa alguns meses antes.**
(e) **As janelas ficam _____ (*abrir*) o dia inteiro.**
(f) **Ela tem _____ (*ser*) muito solícita comigo ultimamente.**
(g) **A música foi _____ (*compor*) nos anos 50.**
(h) **Ele foi pôr no correio os postais que tinha _____ (*escrever*).**
(i) **Nós nos temos _____ (*ver*) pouco de uns tempos para cá.**
(j) **O governo havia _____ (*reduzir*) os impostos.**
(k) **Ela nunca tinha _____ (*vir*) aqui antes.**
(l) **Alguma coisa tem que ser _____ (*fazer*) quanto antes.**

4 Verbs with a regular and an irregular past participle ⇨ **MBPG 17.2.3** For each of the sentences below, decide which participle should be used. In some cases, both are possible.

(a) **Eu não tinha _____ a conta.**
     1 **pago**   2 **pagado**   3 **pago** *or* **pagado**
(b) **Ele foi _____ presidente.**
     1 **eleito**   2 **elegido**   3 **eleito** *or* **elegido**
(c) **Haviam _____ as condições.**
     1 **aceito**   2 **aceitado**   3 **aceito** *or* **aceitado**
(d) **Ele tinha _____ num acidente.**
     1 **morto**   2 **morrido**   3 **morto** *or* **morrido**
(e) **Ele foi _____ pelos bombeiros.**
     1 **salvo**   2 **salvado**   3 **salvo** *or* **salvado**
(f) **Tinham _____ o jogo.**
     1 **ganho**   2 **ganhado**   3 **ganho** *or* **ganhado**
(g) **O jovem foi _____ pela polícia.**
     1 **morto**   2 **matado**   3 **morto** *or* **matado**
(h) **O abajur estava _____.**
     1 **aceso**   2 **acendido**   3 **aceso** *or* **acendido**
(i) **Eu tinha _____ todo o dinheiro.**
     1 **gasto**   2 **gastado**   3 **gasto** *or* **gastado**
(j) **Ele foi _____ pela polícia.**
     1 **surpreso**   2 **surpreendido**   3 **surpreso** *or* **surpreendido**

5 Perfect tenses ⇨ **MBPG 17.3** How would you translate the following sentences into Portuguese? The infinitive of the verbs you need is given in brackets.

(a) If he had finished (*terminar*) his work, he would have come (*vir*) to the party.
(b) When you've read (*ler*) the letter, you can tell (*dizer*) me what you think (*achar*).

(c) Have you been doing (*fazer*) your exercises every day?

(d) I had forgotten (*esquecer*) it was her birthday.

(e) You must (*dever*) have lost (*perder*) the key.

(f) I hope they've arrived (*chegar*) safely. (safely = *bem*)

(g) By 2050, the population will have doubled (*duplicar*).

(h) Although he had paid for (*pagar*) the book, he was accused (*acusar*) of having stolen (*roubar*) it. (although = *embora* + subjunctive)

6 ⁂ Passive ⇨ **MBPG 17.4, 17.2.3** Convert each of the following active sentences into a corresponding passive sentence.

Example:

O cachorro mordeu o homem.
> *O homem foi mordido pelo cachorro.*

(a) **Um policial, que passava pelo local, prendeu o ladrão.**

(b) **O Congresso provavelmente aceitará a proposta.**

(c) **O regime deveria soltar os presos políticos.**

(d) **Os alunos sempre entregam os trabalhos com atraso.**

(e) **O árbitro acabou expulsando o jogador.**

(f) **A prefeitura tinha limpado as ruas.**

(g) **Suspenderam as negociações de paz.**

(h) **É inadmissível que o homem extinga outras espécies.**

7 ⁂ Active, passive, resultant state ⇨ **MBPG 17.4, 17.2.3** Convert each of the following active sentences into a corresponding passive sentence and then a sentence describing the resultant state.

Example:

Ordenaram a lista alfabeticamente.
> *A lista foi ordenada alfabeticamente.*
> *A lista está ordenada alfabeticamente.*

(a) **Dispuseram as cadeiras em círculo.**

(b) **Incluíram os impostos no preço.**

(c) **Acenderam as luzes do palco.**

(d) **Imergiram as raízes da planta em água.**

(e) **Gastaram os pneus do carro.**

(f) **Abriram todas as janelas.**

⇨ **Further exercises involving compound tenses: 71(4, 10)**

18

Use of the tenses

1 ⋆ Present simple ⇨ **MBPG 15.3, 18.1.1** Complete the passage about the daily routine of Cristina Mendes using the correct form of the verbs given in brackets. **Cristina Mendes _____ (1 *trabalhar*) numa agência de publicidade em São Paulo. Ela _____ (2 *levantar*) todos os dias às 6h00 e _____ (3 *fazer*) uma hora de ioga. Depois da ioga, ela _____ (4 *tomar*) banho e _____ (5 *preparar*) o café da manhã. Ela geralmente _____ (6 *comer*) pão com frios e uma fruta, e _____ (7 *beber*) duas xícaras de café. Ela _____ (8 *ir*) trabalhar de carro e _____ (9 *escutar*) o noticiário do rádio enquanto _____ (10 *dirigir*). Ao chegar no escritório, _____ (11 *ler*) os e-mails e _____ (12 *dar*) instruções ao assistente dela. Num dia típico, ela _____ (13 *ter*) várias reuniões e, às vezes, _____ (14 *precisar*) sair do escritório para visitar um cliente. Na hora do almoço, ela _____ (15 *pedir*) um sanduíche de uma lanchonete que entrega no escritório dela. Enquanto _____ (16 *estar*) comendo, ela _____ (17 *assistir*) vídeos na Internet ou _____ (18 *folhear*) uma revista. Ela geralmente _____ (19 *ficar*) no escritório até umas 19h30 da noite. Ela _____ (20 *preferir*) jantar em casa e, quando não _____ (21 *sair*) à noite, _____ (22 *dormir*) cedo, por volta das 11h30.**

2 ⋆ Present simple ⇨ **MBPG 15.3, 18.1.1** How would Cristina tell someone else about her daily routine? Change the verbs in brackets in Exercise 1 into the first person singular form.

3 ⋆ Present vs. past ⇨ **MBPG 16.3, 18.1.1, 18.1.3** Put the infinitives given in brackets into the present or preterite as appropriate.

(a) **Eu e o Miguel geralmente nos _____ (*ver*) na quinta, mas semana passada nos _____ (*ver*) na quarta.**

(b) **O nosso primo sempre _____ (*vir*) nos visitar no fim de semana, só que esse fim de semana ele não _____ (*vir*).**

(c) **O carteiro normalmente só _____ (*trazer*) correspondências, mas ontem ele _____ (*trazer*) um pacote.**

(d) **Eu _____ (*fazer*) algum tipo de exercício todos os dias. Hoje eu não _____ (*fazer*) nada ainda.**

(e) **Por que você _____ (*ser*) tão grosso com ela? Você não _____ (*ser*) assim com outras pessoas.**

(f) **Todo ano eles _____ (*sair*) numa escola de samba, mas esse ano não _____ (*sair*) porque estavam viajando no Carnaval.**

(g) **Então vocês _____ (*ir*) ao cinema ontem. Vocês _____ (*ir*) muito ao cinema, não é?**

(h) **Eu sentia tanto frio ontem que _____ (*pôr*) uma meia para dormir, e olha que eu nunca _____ (*pôr*) meia para dormir.**

DOI: 10.4324/9781003278627-19

4 ★

Preterite vs. present ⇨ **MBPG 15.3, 15.5, 16.3, 18.1.1, 18.1.3** Read the following passage on the life of the last emperor of Brazil, Dom Pedro II. Then replace the verbs in the preterite (shown in italics) with the corresponding present tense forms.

Dom Pedro II (1) *nasceu* **em 1825, no Rio de Janeiro, sétimo filho de Dom Pedro I e da Imperatriz Dona Maria Leopoldina. Com a morte de seus dois irmãos mais velhos, ele** (2) *herdou* **o direito ao trono. Quando seu pai** (3) *abdicou* **e** (4) *voltou* **a Portugal em 1830, D. Pedro II, então com apenas cinco anos de idade,** (5) *ficou* **no Brasil. Durante sua infância, o Brasil** (6) *foi* **dirigido por uma regência, e ele** (7) *assumiu* **o trono aos 15 anos. O jovem imperador** (8) *instruiu-se* **em português e literatura, francês, inglês, alemão, geografia, ciências naturais, música, dança, pintura, esgrima e equitação. Em 1843, ele** (9) *casou-se* **com a princesa napolitana Teresa Cristina Maria de Bourbon.** (10) *Tiveram* **quatro filhos, mas só dois** (11) *sobreviveram***: as princesas Isabel e Leopoldina. Interessado pelas letras e pelas artes, D. Pedro II** (12) *manteve* **correspondência com vários cientistas europeus e, durante seu reinado,** (13) *percorreu* **quase todo o Brasil,** (14) *viajou* **para várias partes do mundo e** (15) *trouxe* **para o Brasil várias inovações tecnológicas. Quando** (16) *foi* **proclamada a República no dia 15 de Novembro de 1889, o governo provisório** (17) *deu-* **lhe 24 horas para deixar o país, e assim, ele** (18) *foi* **com a família para Portugal. Ele** (19) *morreu* **dois anos depois em Paris, de pneumonia. Seus restos** (20) *foram* **levados primeiro para Lisboa, e depois para o Rio de Janeiro em 1921, sendo definitivamente enterrados em 1939, em Petrópolis, lugar de veraneio da família real.**

5 ★

Present vs. perfect ⇨ **MBPG 18.1.1, 18.2.1** Put the verb given in brackets into the correct person and tense to complete each sentence.

(a) **Você** _____ (*estudar*) **português há quanto tempo?**
(b) **Eu** _____ (*dormir*) **muito mal ultimamente.**
(c) **Faz dois anos que nós** _____ (*morar*) **em Aracaju.**
(d) **Eu não** _____ (*ver*) **a minha prima desde o casamento dela em 2007.**
(e) **Já faz muito tempo que vocês** _____ (*esperar*) **aqui?**
(f) **Eles** _____ (*brigar*) **muito nos últimos tempos.**
(g) **É a primeira vez que você** _____ (*vir*) **ao Brasil?**
(h) **Até agora, o campeonato** _____ (*ser*) **muito empolgante.**

6 ★

Imperfect ⇨ **MBPG 15.4, 18.1.2** Rework the text given in Exercise 1 above, putting the verbs into the imperfect tense. Start off as follows:

Quando Cristina Mendes morava em São Paulo, ela . . .

7 ★

Imperfect vs. preterite ⇨ **MBPG 18.1.2, 18.1.3** Choose the correct verb form in each case. (1 *Eram/Foram*) **sete da manhã quando eu** (2 *saí/saía*) **de casa. Já** (3 *fazia/fez*) **sol e bastante calor.** (4 *Foi/Era*) **feriado e muitas pessoas** (5 *iam/foram*) **à praia, por isso o trânsito** (6 *esteve/estava*) **intenso. Como sempre, eu** (7 *pegava/peguei*) **a rodovia e** (8 *tive/ tinha*) **que enfrentar uma fila grande no pedágio. Enquanto** (9 *esperei/esperava*) **para passar,** (10 *comprava/comprei*) **um jornal de um rapaz que** (11 *vendia/vendeu*) **jornais aos motoristas. Quando** (12 *chegou/chegava*) **a minha vez, eu** (13 *pagava/paguei*) **o pedágio** e (14 *segui/seguia*) viagem. Como (15 *havia/houve*) muito trânsito, eu (16 *levava/levei*) quatro horas para fazer um percurso que normalmente (17 *fiz/fazia*) em uma hora e meia. Até chegar na praia, eu só (18 *queria/quis*) pôr uma sunga e cair no mar, mas mal (19 *estacionava/estacionei*) o carro, (20 *começou/começava*) a chover.

8 Imperfect vs. preterite ⇨ **MBPG 18.1.2, 18.1.3** Translate the following sentences being particularly careful about your choice of imperfect or preterite tense.

(a) Rodrigo's grandparents spoke Italian.
(b) The Brazilian aviator (*aviador*), Santos Dumont, was a brilliant man.
(c) Ayrton Senna was world champion for the first time in 1988.
(d) We lived in Curitiba for three years.
(e) Susana was born in Porto Alegre, where her father worked as a teacher.
(f) I went to Salvador several times when I lived in Brazil.
(g) The bank opened at ten, but that day it opened a bit later.
(h) I found the book more interesting than I expected.

9 Future tense ⇨ **MBPG 15.9, 18.1.4** Fill in each blank with a suitable verb from the box using the future tense. Some vocabulary is given in the box below the text.

manter	participar	reunir × 2	estar	visitar

O presidente Luiz Inácio Lula da Silva _____ (1) a Itália, de 7 a 10 de julho, para participar da reunião de cúpula do G-8 e do G-5, na cidade de l'Aquila. No dia 8 de julho, o presidente Lula se _____ (2) com os chefes de governo do G-5 para coordenar posições sobre os temas principais dos encontros com os líderes do G-8. No dia seguinte, o presidente Lula e os demais chefes de governo do G-5 se _____ (3) com seus homólogos do G-8 para tratar de questões relacionadas ao desenvolvimento. Em seguida, ele _____ (4) de um almoço de trabalho, ao qual _____ (5) presentes representantes do FMI, do Banco Mundial e da OCDE. O presidente também _____ (6) encontros bilaterais com os líderes da Alemanha, Austrália, Itália e Japão.

> *Vocabulary:* **reunião de cúpula** summit; **os demais** the others; **homólogo** counterpart, opposite number; **tratar de** deal with, discuss; **em seguida** next; **FMI (Fundo Monetário Internacional)** IMF; **OCDE (Organização para a Cooperação e Desenvolvimento Econômico)** OECD.

10 Avoiding the future tense ⇨ **MBPG 15.9, 18.4.1** How would you rephrase the following sentences to avoid using the formal-sounding future tense? In some cases there is more than one possibility.

(a) **Eles chegarão na sexta-feira.**
(b) **Um dia você se arrependerá.**
(c) **Ajudaremos quem precisar.**
(d) **Entrarei em contato quando voltar da viagem.**
(e) **Se acertar essa pergunta, ela ganhará um carro.**
(f) **Temos certeza de que vocês se divertirão muito.**

11 ★★★ Conditional ⇨ **MBPG 15.9, 18.1.5** Fill in each blank with a suitable verb from the box using the conditional tense. Some vocabulary is given in the box below the text.

subir	perder	passar	afetar	manter	dar	cair	tirar

O TSE (Tribunal Superior Eleitoral) apresenta amanhã uma minuta de resolução que pretende mudar a distribuição entre os Estados das vagas na Câmara dos Deputados. Caso seja aprovada pelo plenário do tribunal, a mudança _____ (1) duas vagas do Rio, que _____ (2) de 46 deputados federais para 44, e _____ (3) duas novas cadeiras a Minas, que _____ (4) de 53 para 55. São Paulo _____ (5) os atuais 70 deputados federais. A mudança também _____ (6) o tamanho das Assembleias Legislativas. Assim, o Rio de Janeiro, além de perder dois deputados federais, também _____ (7) dois deputados estaduais. O número _____ (8) de 70 para 68.

> *Vocabulary:* **tribunal** court; **minuta de resolução** draft resolution; **vaga** place, spot, (*here*) seat; **Câmara dos Deputados** the lower house of the Brazilian congress; **plenário** plenary session; **cadeira** chair, (*here*) seat; **Assembleia Legislativa** state legislature.

12 ★★ Avoidance of the conditional ⇨ **MBPG 15.9, 18.1.2(v), 18.4.2** How would you rephrase the following sentences to avoid using the rather formal-sounding conditional tense? There are two possibilities in each case.

(a) **Ela disse que voltaria no final do mês.**
(b) **Se eu ganhasse na loteria, compraria um helicóptero.**
(c) **O que você faria na minha situação?**
(d) **O candidato garantiu que não aumentaria os impostos.**
(e) **A nova lei acabaria com o comércio de armas.**
(f) **Se fosse assim, ele teria nos avisado.**
(g) **Acho que eu não aguentaria tanta pressão.**
(h) **Por que é que eles poriam em risco a vida dos próprios filhos?**

⇨ **Further exercises on the use of tenses: 69, 70, 71**

19

The infinitive

1 ★ Verbs followed by the infinitive ⇨ **MBPG 19.5** Insert a preposition before the infinitive *where necessary* in the sentences below.

(a) Ele não sabe ___ patinar.
(b) Ela passou ___ trabalhar em casa.
(c) Nós estamos pensando ___ mudar para Belo Horizonte.
(d) Eu esqueci ___ molhar as plantas.
(e) Quando fui à Argentina, aprendi ___ esquiar.
(f) Você vai se sentir melhor se você parar ___ fumar.
(g) Acho que eu convenci o meu pai ___ pagar o curso de inglês.
(h) Temos muito prazer ___ convidá-los para conhecer nossa nova loja.
(i) Decidimos ___ ficar em casa.
(j) A polícia impediu os manifestantes ___ entrar no prédio.
(k) Fui obrigado ___ sair da empresa.
(l) Ele pediu ___ usar o telefone.

2 ★★ Formal vs. informal ⇨ **MBPG 19.5, 19.6** The following sentences are in formal written style. Rephrase them to express the same meaning in colloquial spoken language. You may also have to change some of the vocabulary.

(a) Eu os mandei voltar mais tarde.
(b) Pediram ao homem que se retirasse do local.
(c) O cliente diz ter pago a conta há duas semanas.
(d) Deixe-me esclarecer alguns pontos.
(e) Ao encontrarem o pai morto, telefonaram para a polícia.
(f) Nós os deixamos pernoitar em nossa casa.

3 ★ Impersonal vs. personal infinitive ⇨ **MBPG 19.3, 19.6, 19.7** Decide whether the infinitive should be inflected or not in the following sentences.

(a) Antes de almoçar___, as crianças têm que lavar as mãos.
(b) Acho que nós deveríamos avisá-los antes de chegar___.
(c) Vamos tentar resolver esse problema sem o chefe descobrir___.
(d) Vou tomar conta do filho de vocês para vocês poder___ ir ao cinema.
(e) Ele parou o carro para nós descer___.
(f) Depois de enviar___ o e-mail, eu me arrependi.
(g) Em vez de tomar___ uma atitude, os governantes só ficam falando.
(h) Não deixe as crianças brincar___ na rua.
(i) O professor mandou os alunos escrever___ uma redação.
(j) Depois de terminar___ a prova, vocês podem sair da sala.

DOI: 10.4324/9781003278627-20

4 ⋆⋆⋆ Infinitive vs. subjunctive ⇨ **MBPG 19, 20** Rewrite the following sentences using an infinitive construction instead of the subjunctive clause.

(a) **Estou torcendo para que esses dois personagens fiquem juntos no final da novela.**
(b) **É impossível que aceitemos estas condições.**
(c) **A possibilidade de que tal coisa aconteça é mínima.**
(d) **Sinto muito que você não tenha gostado da apresentação.**
(e) **Como é que ele conseguiu fugir sem que vocês percebessem?**
(f) **Você deve ficar sentado em silêncio até que os outros terminem a prova.**
(g) **É importante que vocês digam o que acham.**
(h) **Ele segurou a minhã mão para que eu não caísse.**
(i) **É surpreendente que ele tenha feito uma coisa dessas.**
(j) **O policial mandou que os curiosos se afastassem.**

5 ⋆ Perfect infinitive ⇨ **MBPG 19.10** Choose a verb from the box and put it into the correct form to complete the following sentences using the prompt given in brackets.

roubar	vir	receber	mentir	ler	assaltar
bater	conhecer	causar	comprar		

(a) **O jovem foi acusado de** _____ (stealing) **um carro.**
(b) **Eu lembro de** _____ (meeting) **você na casa da Sandra.**
(c) **Os dois irmãos foram presos sob suspeita de** _____ (robbing) **uma loja de conveniência.**
(d) **Ele passou na prova de história mesmo sem** _____ (reading) **os textos prescritos.**
(e) **Obrigado por você** _____ (coming) **até aqui me buscar.**
(f) **Ela se arrependia de não** _____ (buying) **o apartamento.**
(g) **Você deve pedir desculpas por** _____ (causing) **tantos problemas.**
(h) **O réu admitiu** _____ (lying) **para a polícia.**
(i) **O ministro nega** _____ (receiving) **propina em troca de favores.**
(j) **Parabéns por** _____ (beating) **o recorde!**

6 ⋆⋆ Infinitive or gerund? ⇨ **MBPG 17.1, 19** Choose the appropriate verb from the box to complete the following sentences using an infinitive or gerund as required.

mandar	começar	pular	pensar	conversar
fumar	ir	importunar	bater	ser

(a) _____ **faz mal à saúde.**
(b) **Aceitei a proposta sem** _____ **duas vezes.**
(c) **Ela fica me** _____ **mensagem toda hora.**
(d) **Para de me** _____ **com as suas perguntas!**
(e) **Os presos fugiram** _____ **o muro.**
(f) **Você devia ter pensado nisso antes de** _____.
(g) **Passamos a tarde inteira** _____.

(h) _____ filho único tem suas vantagens.
(i) Ele ficou furioso e saiu _____ a porta.
(j) Não tem graça _____ ao cinema sozinho.

⇨ **Further exercises involving the infinitive: 32(5), 42(2, 4), 57(1, 3), 61(3), 62(2, 3), 64(1, 2)**

20
The subjunctive

1 ★ The present subjunctive ⇨ **MBPG 20.1–20.3** Rephrase each statement starting with the words given in brackets.

Example:

Ele precisa vir. É muito importante. (*É muito importante que . . .*)
> *É muito importante que ele venha.*

(a) **Parece que vai chover mais tarde.** (*É provável que . . .*)
(b) **Acho que vocês devem procurar um advogado.** (*Recomendo que . . .*)
(c) **O teto pode cair.** (*O meu medo é que . . .*)
(d) **As crianças leem pouco, o que é motivo de preocupação.** (*É preocupante que . . .*)
(e) **Acho que ele não vai conseguir convencê-los.** (*Duvido que . . .*)
(f) **Ela é tímida, mas é uma excelente professora.** (*Por mais tímida que . . .*)
(g) **A atriz é assediada por fotógrafos por onde vai.** (*Onde quer que . . .*)
(h) **Estamos procurando um restaurante. Tem que servir comida vegetariana.** (*Estamos procurando um restaurante que . . .*)

2 ★ Imperfect subjunctive ⇨ **MBPG 20.1–20.3** Rephrase each sentence starting with the words in brackets.

Example:

Ele precisava vir. Era muito importante. (*Era muito importante que . . .*)
> *Era muito importante que ele viesse.*

(a) **Parecia que ia chover mais tarde.** (*Era provável que . . .*)
(b) **Eu disse que vocês deviam procurar um advogado.** (*Eu recomendei que . . .*)
(c) **O teto podia cair.** (*O meu medo era que . . .*)
(d) **As crianças liam pouco, o que era motivo de preocupação.** (*Era preocupante que . . .*)
(e) **Eu achava que ele não ia conseguir convencê-los.** (*Eu duvidava que . . .*)
(f) **Ela era tímida, mas era uma excelente professora.** (*Por mais tímida que . . .*)
(g) **A atriz era assediada por fotógrafos por onde ia.** (*Onde quer que . . .*)
(h) **Estávamos procurando um restaurante. Tinha que servir comida vegetariana.** (*Estávamos procurando um restaurante que . . .*)

3 ★ Future subjunctive ⇨ **MBPG 20.1–20.2, 20.4** Fill in the gap in each sentence with the correct form of the verb shown in brackets.

DOI: 10.4324/9781003278627-21

(a) Eles vão entrar em contato assim que _____ (*ter*) alguma notícia para nos dar.
(b) Você pode reclamar quanto _____ (*querer*), não vou mudar de ideia.
(c) Não vou voltar lá enquanto ele não _____ (*pedir*) desculpas.
(d) Se vocês _____ (*ir*) para São Paulo de carro, vou pegar uma carona.
(e) Eles vão aceitar o que nós _____ (*decidir*).
(f) Os meus pais vão ficar surpresos quando _____ (*saber*) disso.
(g) Se _____ (*acontecer*) algum imprevisto, eu te ligo.
(h) Seja quem _____ (*ser*), o próximo líder do país terá que enfrentar muitos problemas.

Now translate the sentences above into English.

4 ★ Subjunctive vs. infinitive ⇨ **MBPG 19, 20** Rewrite the following sentences using a subjunctive construction instead of the infinitive construction shown in italics.

(a) Vou explicar em inglês *para vocês entenderem.*
(b) Às vezes ele saía *sem os pais saberem.*
(c) É possível *ele ter esquecido.*
(d) Nós vamos mudar de casa *depois de a reforma ser concluída.*
(e) Os seguranças tentaram impedir *os manifestantes de invadirem o tribunal.*
(f) Eu queria arrumar a casa *antes de os convidados chegarem.*
(g) É imprescindível *os candidatos dominarem o inglês.*
(h) Aconselho *você a não ir.*
(i) Lamento muito *vocês não terem gostado.*
(j) Ela pediu *para nós não contarmos nada para ninguém.*

5 ★★ The subjunctive in relative clauses ⇨ **MBPG 10, 20.3.6, 20.4.2** Fill in each gap with either an indicative or a subjunctive form of the verb given in brackets, choosing the correct tense according to the context.

(a) Precisamos de alguém que _____ (*entender*) de computadores.
(b) Quem _____ (*gostar*) de música clássica não pode perder este concerto.
(c) Vou chamar o meu amigo Pedro, que _____ (*entender*) de computadores.
(d) Quem _____ (*fazer*) a sena na loteria vai ganhar R$80 milhões.
(e) Os alunos que _____ (*tirar*) as melhores notas nem sempre são os mais inteligentes.
(f) Com esse dinheiro, vocês podem comprar o que vocês _____ (*querer*).
(g) Os alunos que _____ (*tirar*) as melhores notas vão ganhar uma bolsa de estudos.
(h) Ela nos disse para pedir à empregada qualquer coisa que nós _____ (*precisar*).
(i) Aquele dinheiro foi suficiente para comprar o que vocês _____ (*querer*)?
(j) Pudemos comprar tudo o que _____ (*precisar*) na mesma loja.

6 ★ Conjunctions used with the subjunctive ⇨ **MBPG 20.3.7, 20.4.1** Choose a suitable verb from the box and put it into the correct form to complete each sentence.

poder	querer	chegar	surgir	ouvir	pagar	chover	dar

(a) Ela não conseguia dormir enquanto o filho não _____ .
(b) Vamos recolher a roupa do varal antes que _____ .
(c) Vou me lembrar de você sempre que _____ essa música.

(d) Você pode comer o chocolate, desde que _____ a metade ao seu irmão.

(e) Eu não moraria naquela casa, nem que me _____.

(f) Eles querem casar assim que _____.

(g) Devemos terminar tudo até sexta, a não ser que _____ algum imprevisto.

(h) Ele sabia que estava errado, embora não _____ admiti-lo.

Now translate the sentences above into English.

⇨ **Further exercises involving the subjunctive: 33(5), 42(5), 46(2), 47(1), 49, 50, 51(1), 54(3), 56(4), 57(4), 60, 61(4), 63(3), 65(1)**

21
The imperative

1 ★ Familiar imperative ⇨ **MBPG 21.1** Rephrase the following requests using the familiar imperative. Remember that the familiar imperative is normally only used in the spoken language.

(a) **Você pode me passar o sal?**
(b) **Você pode abrir a porta para mim?**
(c) **Você pode subir aqui um pouco?**
(d) **Você pode vir amanhã?**
(e) **Você pode pôr as compras na cozinha?**
(f) **Você pode ir ao supermercado comprar leite?**
(g) **Você pode me dizer a verdade?**
(h) **Você pode ligar para mim?**

2 ★ Formal imperative ⇨ **MBPG 21.2** Here are some instructions on how to repair a punctured bicycle tyre. Replace the infinitives shown in italics with formal imperative forms.

> *Vocabulary*: **câmara** = inner tube **espátula** = tyre lever **aro** = rim **bico** = valve **encaixar** = to fit **raio** = spoke **furo** = puncture **mergulhar** = to dip **lixar** = to sand **cola** = glue **remendo** = patch

Virar (1) **a bicicleta de cabeça para baixo.** *Esvaziar* (2) **a câmara e** *introduzir* (3) **o lado reto da espátula entre o aro e o pneu, próximo ao bico, para desencaixá-lo da roda. Em seguida,** *fixar* (4) **a outra extremidade da espátula no raio mais próximo.** *Proceder* (5) **igualmente com as outras duas espátulas, deixando espaço de um raio entre elas.** *Começar* (6) **a retirar a câmara primeiramente pelo bico. Para retirar totalmente a câmara,** *forçar* (7) **o pneu para cima, abrindo espaço. Depois de retirar a câmara,** *enchê-la* (8) **de ar e** *localizar* (9) **o furo – por exemplo, mergulhando-a num recipiente com água.** *Marcar* (10) **o furo usando uma caneta. Em seguida** *esvaziar* (11) **a câmara. Localizando o furo,** *lixar* (12) **muito bem a região,** *passar* (13) **a cola especial e** *deixar* (14) **secar por aproximadamente cinco minutos. Quando a cola estiver bem seca,** *colocar* (15) **o remendo.** *Encher* (16) **parcialmente a câmara;** *repor* (17) **a câmara no pneu, começando pelo bico, e, ao mesmo tempo,** *reencaixar* (18) **o pneu na roda.**

3 ★ Plural imperative ⇨ **MBPG 21.3** You are teaching English in Brazil and are about to give your students a test. Before they start, you give the following instructions to the class. Fill in the gaps choosing an appropriate verb from the box.

DOI: 10.4324/9781003278627-22

corrigir	esquecer	ficar	escrever	conversar
reler	responder	começar	sentar-se	manter

(a) _____ e _____ quietos, por favor.
(b) Não _____ até eu falar "já."
(c) _____ fechados os dicionários e outros livros.
(d) Não _____ durante a prova.
(e) _____ a todas as questões.
(f) _____ legivelmente.
(g) Antes de entregar a prova, _____ (*reread it*) e _____ qualquer erro.
(h) Não _____ de colocar o nome na prova.

4 ✿ Pronoun placement ⇨ **MBPG 21.2, 21.3** Complete each sentence as prompted. Use the verb given in each case.

(a) **Sele o envelope e** _____ (*put it – pôr*) **no correio.**
(b) **Pique a cebola e** _____ (*brown it – refogar*) **numa frigideira.**
(c) **Tirem os sapatos e** _____ (*leave them – deixar*) **em frente da porta.**
(d) **Descasque as bananas e** _____ (*sprinkle them – polvilhar*) **com canela.**
(e) **Copie o arquivo para a sua área de trabalho e** _____ (*open it – abrir*).
(f) **Digite a sua senha e depois** _____ (*repeat it – repetir*) **para confirmá-la.**
(g) **Copiem as frases do quadro e** _____ (*translate them – traduzir*).
(h) **Leia as instruções e** _____ (*have them – ter*) **à mão para futuras consultas.**
(i) **Quando o cachorro obedece,** _____ (*praise him – elogiar*) **and** _____ (*give him – dar*) **uma guloseima** (*treat*).

⇨ **Further exercises involving the imperative: 67**

22
Reflexive verbs

1 ★ Forms ⇨ **MBPG 22.2** Choose an appropriate verb from the box and change its form as necessary to complete each sentence.

recusar-se	opor-se	maquiar-se	surpreender-se	encontrar-se
lembrar-se	divertir-se	conter-se	arrepender-se	machucar-se

(a) Ele caiu da bicicleta e _____.
(b) Se você largar os seus estudos agora, você vai _____ depois.
(c) Combinei de _____ com ela amanhã, depois do trabalho.
(d) Nós _____ muito na boate.
(e) Fiquei conversando com a minha irmã enquanto ela _____ na frente do espelho.
(f) Vocês _____ daquela viagem que fizemos a Búzios?
(g) O João não _____ e começou a gritar.
(h) A polícia foi acionada quando os manifestantes _____ a deixar o prédio.
(i) Os conservadores sempre _____ a qualquer mudança da lei.
(j) Eu _____ com as coisas que ela falou.

2 ★ Meaning patterns of reflexive verbs ⇨ **MBPG 22.3** Look at the following sentences and decide which meaning pattern from the box is exemplified by the reflexive verb in each one.

1	Truly reflexive use (doing something to yourself)
2	Reciprocal use (doing something to each other)
3	Intransitive meaning
4	Change of emotional state
5	Change of physical position

(a) Ela se emocionou quando falou do filho.
(b) O fogo se alastrou rapidamente.
(c) Eu me queimei na panela.
(d) Ele se abaixou para amarrar o sapato.
(e) Nós nos abraçamos e ela foi embora.
(f) Uma mancha se formava na parede.
(g) Sentem-se, por favor.
(h) Ele se olhava no espelho.
(i) Os dois não se suportam.
(j) Não se preocupe.

DOI: 10.4324/9781003278627-23

3 Impersonal *se*-construction ⇨ **MBPG 22.4** Translate the following sentences into English.

(a) **Não se estuda mais francês na escola.**
(b) **Alugam-se quartos.** (*written on a sign*)
(c) **Não se podem justificar tais atos.**
(d) **Dentro da empresa fala-se em demissões.**
(e) **Presume-se que o autor da peça é Shakespeare.**
(f) **Consertam-se sapatos.** (*written on a sign*)
(g) **Procura-se professor de inglês.** (*in a newspaper ad*)
(h) **Note-se que os dias da semana se escrevem com minúscula em português.**
(i) **Não se deve nadar logo depois de uma refeição.**
(j) **Os gostos não se discutem.**

4 How would you say the following in Portuguese? ⇨ **MBPG 22.6**

(a) We enjoyed ourselves last night.
(b) That fruit is called *graviola* in Portuguese.
(c) They love each other very much.
(d) I hurt myself when I fell over.
(e) They only think of themselves.
(f) Everyone should take care of themself.
(g) She blames herself for what happened.
(h) One can only count on oneself.

23

Ser, estar and ficar

Ser, estar or *ficar*? ⇨ **MBPG 23.2–23.4** Fill in the correct form of **ser**, **estar** or **ficar**.

(a) Pablo e Isabel _____ argentinos.
(b) Esse café _____ muito forte. Põe um pouco de leite, por favor.
(c) Ele _____ muito prestativo quando pedi ajuda.
(d) Amanhã _____ sexta-feira.
(e) Meu pai vai _____ bravo quando souber disso.
(f) Vamos acender a lareira? _____ frio aqui dentro.
(g) Você sabe onde _____ o Sérgio?
(h) A agência do correio _____ ao lado do cinema.
(i) Esse bolo _____ uma delícia. Foi você que fez?
(j) Os talheres já _____ na mesa.
(k) Quando ela me disse aquilo, _____ arrasado.
(l) "Quem pediu sorvete?" – "_____ eu."
(m) Elas _____ gêmeas, mas uma _____ loura e a outra _____ morena.
(n) Na época, ela não sabia que _____ grávida de três meses.
(o) A capital do Brasil _____ Brasília.
(p) A casa vai _____ um espetáculo quando terminarem a reforma.
(q) Nós _____ tão cansados que nem conseguíamos falar.
(r) _____ quantas horas de avião daqui até Manaus?
(s) O casamento vai _____ em junho.
(t) As bananas _____ a quanto o quilo?

Talking about the past with *ser* and *estar* ⇨ **MBPG 23.6** How would you say the following in Portuguese?

(a) The event (*evento*) was a great success.
(b) The dinner was delicious.
(c) Sandra was my best friend when I was a child.
(d) The party was boring (*chato*) so we came home early.
(e) My life has been very stressful (*estressante*) lately.
(f) It's been a wonderful (*maravilhoso*) evening.
(g) Caio's been to Europe twice.
(h) Your mother was very kind (*gentil*) to me.
(i) Who was it on the phone?
(j) Who was it who phoned?

DOI: 10.4324/9781003278627-24

3 ★★ Idiomatic expressions with *ser* and *estar* ⇨ **MBPG 23.7–23.8** Translate the following sentences into English.

(a) **Não sou de perder a paciência.**
(b) **O avião estava para partir quando o aeroporto foi fechado por conta da chuva.**
(c) **É para a gente esperar aqui.**
(d) **O mistério ainda está por ser desvendado.**
(e) **Eu estava com uma espinha na ponta do nariz.**
(f) **Chamaram o meu nome, mas fingi que não era comigo.**
(g) **Eu é que peço desculpas.**
(h) **Estou sem computador no momento.**
(i) **Estamos é acabando com o nosso planeta.**
(j) **As reclamações são com o SAC (= *serviço de atendimento ao cliente*).**
(k) **Você está com o seu celular aí?**
(l) **O bule é de prata.**

4 ★★ Idiomatic expressions with *estar* and *ficar* ⇨ **MBPG 23.8.2(iv), 23.9.4(iii)** How would you say the following in Portuguese?

(a) I was very hungry.
(b) I get sleepy after lunch.
(c) When I saw the dog, I got scared.
(d) You're jealous!
(e) I'm getting cold, let's go home.
(f) I'm thirsty.
(g) Aren't you hot in that jacket?
(h) Don't be embarrassed.

5 ★★ Uses of *ficar* ⇨ **MBPG 23.9** How would you translate the following sentences?

(a) **Eles ficam me fazendo as mesmas perguntas.**
(b) **Fiquei surfando na Internet o dia inteiro.**
(c) **As crianças não podem ficar sozinhas em casa.**
(d) **Se pedirmos oito pastéis, ficamos com dois cada um.**
(e) **Está ficando tarde. Vamos para casa.**
(f) **Ficamos de nos ver amanhã.**
(g) **Eles sempre ficam no Copacabana Palace quando estão no Rio.**
(h) **Bebi muito rápido e fiquei com soluço.**
(i) **O bolo ficou melhor do que eu esperava.**
(j) **Você vai ficar com essas revistas velhas?**

6 ★ Further practice (MBPG – Chapter 23: Note for Spanish Speakers). Fill in the correct form of *ser, estar* or *ficar* in the present.

(a) Por favor, moço, onde _____ a farmácia?
(b) Que esquisito! Por que a esposa do Roberto não _____ na festa?
(c) Nova York _____ perto ou longe de Boston?
(d) Esta casa _____ da Teresa?
(e) O Carlos e a Ana _____ engenheiros.
(f) Eles _____ estudando na Colômbia.

(g) O tio dela _____ na Europa? Ele _____ português, né (não é)?

(h) Agora elas _____ morando mais perto de Nova York.

(i) – Os senhores _____ russos? – Não senhora, _____ poloneses.

(j) O Brasil _____ um país muito grande; _____ na América do Sul.

(k) O irmão dela _____ no Brasil?

(l) Os meus colegas? _____ lá no barzinho tomando uma cerveja.

(m) Este vinho _____ da Região Sul do Brasil? _____ muito bom (comparado a outros vinhos).

(n) O vestido dela _____ de seda e _____ muito bonito (comparado a outros vestidos).

(o) O Ricardo _____ no Rio? Onde _____ o apartamento dele?

(p) – A senhora _____ estrangeira? – _____ sim. _____ italiana. Nasci em Roma, mas agora _____ morando nos Estados Unidos.

(q) Que dia _____ hoje?

(r) O Amazonas _____ o maior rio do Brasil.

(s) – Como _____ os senhores? – _____ muito bem, graças a Deus.

(t) Brasília _____ no interior do Brasil. _____ a capital do país.

(u) Ela _____ alegre (por temperamento, inerentemente), mas _____ triste porque o marido _____ doente. Felizmente não _____ uma doença grave.

(v) A Maria perdeu vinte quilos. Como _____ magra! (The speaker is emphasizing the change)

(w) Ele _____ de dieta, mas não emagrece. Acho que _____ gordo mesmo.

(x) Estes sapatos _____ da senhora Marcos.

(y) Caracas _____ na Venezuela. Dizem que _____ uma cidade imensa.

(z) A ópera _____ no Teatro Municipal. Onde _____ as entradas?

24
Verbs used in auxiliary, modal and impersonal constructions

1 ★ ★ ★ Auxiliary constructions ⇨ **MBPG 24.1** Translate the following sentences into English.

(a) **Vão indo, que eu alcanço vocês depois.**
(b) **Essa decisão veio a ser a mais importante da vida dela.**
(c) **Acabei desistindo e voltando para casa.**
(d) **Você pode vir a se arrepender de ter largado os estudos.**
(e) **Os funcionários andam reclamando já há algum tempo.**
(f) **Conforme o avião vai subindo, a cabine se pressuriza.**
(g) **Vocês já vão embora? Mas acabaram de chegar!**
(h) **Se Deus quiser, eles haverão de sobreviver.**
(i) **O técnico veio consertar a máquina de lavar roupa.**
(j) **Ele vive se machucando.**
(k) **O turismo no Brasil vem crescendo nos últimos anos.**
(l) **Eu tinha acabado de sentar para ver o jogo quando a campainha tocou.**

2 ★ ★ ★ Modal verbs – *poder, conseguir, saber* ⇨ **MBPG 24.2.1–24.2.3** How would you say the following in Portuguese?

(a) I can't pronounce this word.
(b) Can you ski?
(c) They may have forgotten.
(d) Can I leave my bag here?
(e) It may be an excellent dictionary, but it's very expensive.
(f) The process (*processo*) can take up to four weeks.
(g) You could have let me known, couldn't you?
(h) We could go to Petrópolis. What do you think?
(i) She didn't manage to beat the record.
(j) I can't read German.

3 ★ ★ ★ Modal verbs – *querer, desejar* ⇨ **MBPG 24.2.4–24.2.5** How would you say the following in Portuguese?

(a) I've always wanted to go up the Sugar Loaf (*o Pão de Açúcar*).
(b) At what time do you wish to have breakfast?
(c) We'd like to stay another day.
(d) You can leave your things here if you want.
(e) I didn't want to go, but I was forced to (*fui obrigado*).

DOI: 10.4324/9781003278627-25

(f)   They invited me too, but I didn't want to go.
(g)   I would like to have visited the Northeast. (*visit* = *conhecer*)
(h)   You can complain (*reclamar*) as much as you want, I'm not going to change my decision.

4 Modal verbs – *ter que, dever, precisar* ⇨ **MBPG 24.2.6–24.2.8** How would you say the following in Portuguese?

(a)   I have to finish this by tomorrow.
(b)   I must phone my brother.
(c)   All candidates must complete (*preencher*) this form.
(d)   We should board (*embarcar*) at 8.30.
(e)   You shouldn't have left the window open.
(f)   They must have gone home.
(g)   We had to walk home.
(h)   You don't need to reserve a table.

5 Impersonal verbs ⇨ **MBPG 24.3** Choose the correct verb from the box to complete each sentence below. In some cases, there is more than one possibility.

há	tem	faz	dá

(a)   ___ para você repetir, por favor?
(b)   **O pai deles faleceu ___ dois anos.**
(c)   ___ toalhas no armário.
(d)   **Nós moramos em São Paulo ___ cinco anos.**
(e)   ___ frio aqui no inverno.
(f)   ___ várias teorias sobre essa questão.
(g)   ___ duas horas que estou esperando.
(h)   **Podemos ir ao banco primeiro e depois ao correio, ou ao contrário, _____ no mesmo.**

⇨ **Further exercises involving modal verbs: 43, 45, 46, 47, 52, 53, 56;** *ter/haver*: **38**

25
Prepositions

1 ★ Simple prepositions ⇨ **MBPG 25.1** Choose the correct preposition from the box to complete each sentence. You may also need to combine the preposition with the definite article to form a one-word contraction.

a	com	de	em	para	por

(a) **Fiquei muito feliz ___ a notícia.**
(b) **É melhor a gente ir ___ metrô.**
(c) **Ele ganha R$100,00 ___ hora.**
(d) **Chegaram ___ o dia 3 de maio.**
(e) **O banco fica ___ três quarteirões (*blocks*) daqui.**
(f) **O brinquedo é ___ crianças de 3 a 8 anos.**
(g) **Aquele senhor ___ óculos é o meu professor.**
(h) **A árvore foi derrubada ___ o vento.**
(i) **O cantor estava sentado ___ o piano.**
(j) **O que é que aconteceu ___ o frango que estava na geladeira?**
(k) **A família toda vai mudar ___ os Estados Unidos.**
(l) **A taxa de desemprego caiu ___ 0,5% mês passado.**
(m) **Estou lendo um romance ___ Jorge Amado.**
(n) **Eu volto daqui ___ três dias.**
(o) **Estamos morrendo ___ fome.**
(p) **O curso foi cancelado ___ falta de inscrições.**
(q) **O aluguel é razoável ___ esse bairro.**
(r) **Estive ___ médico hoje de manhã.**
(s) **Deixei a porta aberta ___ propósito.**
(t) **Eu queria trocar isso ___ outra coisa.**

2 ★ Expressions of time ⇨ **MBPG 25.1** Translate the following expressions of time into Portuguese.

(a) on Wednesdays
(b) in 1984
(c) in the afternoon
(d) at night
(e) on November 22nd
(f) a four-hour journey
(g) in the morning
(h) at 20 years of age
(i) in the daytime

DOI: 10.4324/9781003278627-26

(j)   at four o'clock in the afternoon
(k)   in two months' time
(l)   in February
(m) on Thursday
(n)   in the winter
(o)   three times a day
(p)   this evening

3 ★ Other simple prepositions ⇨ **MBPG 25.2** Choose an appropriate preposition from the box to complete each sentence.

sem   entre   segundo   sobre   durante   até   sob   contra

(a)   **Vai ter uma palestra _____ a história do Rio de Janeiro.**
(b)   **Será que existe alguma ligação _____ esses dois fatos?**
(c)   **Temos que lutar _____ o preconceito.**
(d)   **Ele morou na Argentina _____ cinco anos.**
(e)   **Eles falam desse assunto delicado _____ o menor constrangimento.**
(f)   **Temos _____ o final do mês para pagar essa conta.**
(g)   **_____ o noticiário, o autor do crime já foi preso.**
(h)   **O trabalho vai ser feito _____ a minha supervisão.**

4 ★ Other prepositions ⇨ **MBPG 25.3–25.5** How would you say the following in Portuguese?

(a)   because of you
(b)   inside the house
(c)   in spite of the rain
(d)   after the meeting
(e)   instead of butter
(f)   towards the door
(g)   a long way from home
(h)   behind the sofa
(i)   before breakfast
(j)   under the bed
(k)   below zero
(l)   in front of our house
(m) on behalf of the company
(n)   over the wall
(o)   outside Rio
(p)   beyond the mountains

5 ★ Prepositions in spoken and written language ⇨ **MBPG 25.1** The following spoken language sentences contain prepositions that would not be used in more formal written language. Replace the prepositions with their more formal equivalents.

(a)   **Ela gosta de ir no cinema.**
(b)   **Prefiro estudar sentado na mesa.**
(c)   **Ele deu o livro para um colega.**
(d)   **Você precisa perguntar para o professor.**
(e)   **Levamos duas horas para chegar no aeroporto.**
(f)   **Ele vai para São Paulo uma vez por mês.**

(g) **Preciso ir no dentista.**
(h) **A loja abre nos domingos.**
(i) **Pedi ajuda para o vizinho.**
(j) **Os ciclistas devem parar no sinal vermelho.**

⇨ **Further exercises involving prepositions: 39(4), 42**

26
Conjunctions

1

Coordinating conjunctions ⇨ **MBPG 26.1** How would you say the following in Portuguese?

(a) Both Rodrigo and his brother speak English.
(b) The restaurant serves not only sushi, but also other delicacies (*iguarias*).
(c) There's no room (*lugar*) on this flight, or on the next one.
(d) We can either go by plane or by bus.
(e) The language of Brazil is not Spanish, but Portuguese.
(f) Neither the students nor the teacher heard the bell (*sino*).
(g) Shall we go out? Or shall we stay at home?
(h) The road is good but, even so, the journey takes six hours.

2

Other conjunctions ⇨ **MBPG 26.2** Choose a suitable conjunction from the box to complete each sentence.

até que   de forma que   assim como   quanto mais   só que
desde que   mal   já que   do que   se bem que   toda vez que   enquanto

(a) Ela anda muito triste _____ o cachorro dela morreu.
(b) _____ você vai ao supermercado, pode comprar umas coisas para mim?
(c) _____ escuto essa música, penso em você.
(d) Eu gosto do meu trabalho, _____ é estressante às vezes.
(e) Choveu muito, _____ as ruas ficaram alagadas.
(f) Ordenei os livros por autor, _____ você pediu.
(g) O Geraldo lavou a louça, _____ a Tânia arrumava a cozinha.
(h) Eu queria muito ir, _____ estou sem dinheiro.
(i) _____ chegamos em casa, tivemos que sair de novo.
(j) A prova foi mais fácil _____ eu esperava.
(k) O avião não pode sair _____ todos os passageiros estejam a bordo.
(l) _____ você treina o seu português, melhor.

Indicative or subjunctive? ⇨ **MBPG 26.2** Decide which verb form should be used in each case.

(a) Ela me ligou assim que _____ em casa. (*chegou/chegasse*)
(b) Ela prometeu me ligar assim que _____ em casa. (*chegou/chegasse*)
(c) Ele ia usar um disfarce, de modo que ninguém o _____. (*reconheceu/reconhecesse*)

DOI: 10.4324/9781003278627-27

(d) **O disfarce dele enganou todo mundo, de modo que ninguém o _____.** (*reconheceu/ reconhecesse*)

(e) **Depois que a novela _____, decidi ir para a cama.** (*acabou/acabasse*)

(f) **Decidi ir para a cama depois que a novela _____.** (*acabou/acabasse*)

(g) **Eu queria aproveitar o bom tempo enquanto _____.** (*durou/durasse*)

(h) **Aproveitei o bom tempo enquanto _____.** (*durou/durasse*)

(i) **Esperaram duas horas até que a polícia _____.** (*apareceu/aparecesse*)

(j) **Tinham que esperar até que a policia _____.** (*apareceu/aparecesse*)

⇨ **Further exercises involving conjunctions: 42, 50(6), 51**

27
Word order

1 Word order ⇨ **MBPG 27** Translate the following sentences into Portuguese.

(a) Do you know how this printer works?
(b) She slowly opened the drawer.
(c) He closed the door slowly.
(d) Can you tell me where the post office is?
(e) Last night, a tree fell down in our street.
(f) She gave Gabriel the book.
(g) She gave the book to Gabriel.
(h) A new restaurant is going to open in that building.

DOI: 10.4324/9781003278627-28

28
Word formation

1 ⋆ Formation of the diminutive ⇨ **MBPG 28.1.1** Form the diminutive of the following nouns and adjectives.

(a) dor
(b) macaco
(c) pá
(d) lápis
(e) verde
(f) fio
(g) som
(h) papel
(i) papéis
(j) irmão
(k) lago
(l) cama
(m) creme
(n) bebê
(o) irmã
(p) vinho

2 ⋆ Verbal and instrumental nouns ⇨ **MBPG 28.5, 28.6** Translate the following sentences into English.

(a) **O goleiro levou uma garrafada.**
(b) **Dei uma espiadinha pelo buraco da fechadura.**
(c) **Vou dar uma saída à tarde.**
(d) **A vítima foi morta a facadas.**
(e) **Dá uma buzinada quando você chegar.**
(f) **É bom dar uma mexida na panela de vez em quando.**
(g) **Ele deu uma cotovelada no jogador adversário.**
(h) **Ela deu uma folheada rápida na revista.**

DOI: 10.4324/9781003278627-29

Functions

29
Making social contacts

1 ★ You are at the theatre with your Brazilian friend, Sandra, waiting for the play to start. Suddenly, you see another Brazilian friend of yours, Cadu, who is looking for his seat. Fill in your part of the conversation.

You:	**Cadu?**
Cadu:	**Opa!**
You:	(1 *Say hi and ask him how he is.*)
Cadu:	**Estou ótimo. E você?**
You:	(2 *Say you are well and ask him if he knows Sandra. Tell him she is a great friend of yours.*)
Cadu:	**Oi, Sandra, tudo bem?**
Sandra:	**Tudo.**
You:	(3 *Ask Cadu how his sister is and whether she's back from Canada yet.*)
Cadu:	**Voltou semana passada. Ela está bem, aproveitou bastante lá.**
You:	(4 *Ask Cadu to give her your love and tell her to call you.*)
Cadu:	**Pode deixar. Ih, acho que a peça vai começar. É melhor eu achar meu lugar.**
You:	(5 *Say OK and that you'll be seeing him.*)
Cadu:	**Está bom, tchau. Tchau, Sandra. Foi um prazer.**

2 ★ You and your colleague arrive for a business meeting in Brazil. This is the first time you've met the representative of the Brazilian company. Fill in your part of the conversation.

RT:	**Bom dia. Sou Ricardo Teixeira. Sou gerente de marketing aqui na empresa.**
You:	(1 *Say you are very pleased to meet him and introduce yourself and your colleague, Bob Randall, from your sales department.*)
RT:	**Sentem-se por favor. Vocês aceitam um café ou uma água?**
You:	(2 *Say a coffee for you, please.*)
	. . . [*The meeting is now over and Ricardo Teixeira has accompanied you to the door.*] . . .
You:	(3 *Say thank you very much and that it was nice meeting him.*)
RT:	**O prazer foi todo meu. Aproveitem o resto da estadia de vocês no Brasil.**
You:	(4 *Say thank you and goodbye.*)
RT:	**Até logo.**

3 ★ What would you say in Portuguese in the following situations?

(a) You meet Paulo, a good friend of yours, in the street.
(b) You arrive at a hotel in the evening, go up to the reception desk and say your name.

DOI: 10.4324/9781003278627-31

(c) You are talking to the mother of a friend of yours and you send regards to your friend's grandmother, Dona Ruth.

(d) You introduce a Brazilian friend of yours to your father.

(e) You send regards to your friend's brother.

(f) You tell your friend that your mum sends her love.

(g) You ask how your friend's sister is as you know she has been ill.

(h) You say that your brother, who is with you, says hi.

(i) You say in an informal way that you and another person already know each other.

(j) You say goodbye, saying you'll see the other person on Friday.

(k) You tell the other person to get well soon.

(l) You wish the other person a happy birthday.

4 ⋆ Choose the appropriate response for each phrase.

(a)	**Como vai a senhora?**	1	**Obrigado, para você também.**
(b)	**O Felipe mandou um abraço.**	2	**Ela está ótima.**
(c)	**Bom fim de semana!**	3	**Muito prazer.**
(d)	**Foi um prazer.**	4	**Estou bem. E você?**
(e)	**Sou Mônica Alves, gerente de vendas.**	5	**Oi, tudo bem?**
(f)	**Oi, sou Carla, irmã da Cristina.**	6	**Manda outro para ele.**
(g)	**Como é que você está?**	7	**O prazer foi meu.**
(h)	**E a sua mãe?**	8	**Vou bem, obrigada.**

5 ⋆ While in Brazil you phone your friend, Rita. Her sister Tânia answers the phone. Complete the dialogue.

You: (1 *Say hello and ask whether Rita is there*.)
Tânia: **A Rita não está. Quem quer falar com ela?**
You: (2 *Say who it is that is speaking. Say that you are a friend of hers from England*.)
Tânia: **Ah sei, ela falou de você. Tudo bem?**
You: (3 *Reply appropriately*.)
Tânia: **Olha, a Rita deu uma saída, mas já deve estar chegando. Quer deixar recado?**
You: (4 *Tell Tânia to ask Rita to call you*.)
Tânia: **Está bom. Ela tem o seu telefone?**
You: (5 *Say yes, she has. Say thank you*.)
Tânia: **De nada. Tchau.**
You: (6 *Say goodbye*.)

6 ⋆ You are staying at your friend Bruno's house in Brazil. While Bruno is out the phone rings. How do you answer? Complete the dialogue.

You: (1 *Say hello*.)
Caller: **Alô, quem fala?**
You: (2 *Say who you are and that you are a friend of Bruno's*.)
Caller: **O Bruno está por aí?**
You: (3 *Say that Bruno has gone out. Ask if the caller wants to leave a message*.)
Caller: **Você sabe que horas ele vai chegar?**
You: (4 *Say that you think he will arrive around six o'clock*.)

Caller:	**Ah, então eu ligo mais tarde.**
You:	(5 *Say OK and ask the caller's name.*)
Caller:	**Meu nome é Roberto, sou colega dele da faculdade.**
You:	(6 *Say OK, you will tell Bruno that he phoned.*)
Caller:	**Está bom, obrigado. Tchau.**
You:	(7 *Say goodbye.*)

7 ★

You phone a Brazilian company, Fazdeconta, to speak to the marketing manager (*gerente de marketing*). Complete the dialogue.

Operator:	**Fazdeconta, boa tarde.**
You:	(1 *Return the greeting and ask to be put through to the marketing department.*)
Operator:	**Quem gostaria?**
You:	(2 *Introduce yourself, saying you are from the Star company.*)
Operator:	**Como se escreve o seu nome, por favor?**
You:	(3 *Spell out your name using the Portuguese letter names.*)
Operator:	**Um momento, por favor, senhor/senhora . . . Vou passar a ligação para o departamento de marketing. Aguarde na linha.**
You:	(4 *Say OK, thank you.*)
Marketing:	**Departamento de marketing, boa tarde.**
You:	(5 *Return the greeting. Introduce yourself and say you would like to speak to the marketing manager.*)
Marketing:	**O Sr. Carlos, o nosso gerente, está numa reunião no momento. Posso ajudar?**
You:	(6 *Say you wanted to set up a meeting (marcar uma reunião) with him to present your company's products.*)
Marketing:	**Se quiser deixar um telefone de contato, vou pedir ao Senhor Carlos para retornar para o senhor/a senhora.**
You:	(7 *Say that's fine then. Say your name and your number: 7654 2103.*)
Marketing:	**Tudo bem. O Senhor Carlos já vai entrar em contato com o senhor/a senhora.**
You:	(8 *Say thank you and good bye.*)
Marketing:	**Até logo, boa tarde.**

8 ★

How would you express the following in Portuguese?

(a) What's the area code for Brasília?
(b) Monday's no good, it'll have to be Tuesday.
(c) I was on hold and I got cut off.
(d) I can't get through.
(e) Extension 206, please.
(f) Just a minute.
(g) Is Friday 22nd okay with you?
(h) It's busy/engaged.

9 ★

Which form of salutation would you use if you were writing a letter to the following recipients?

(a) to your Brazilian aunt
(b) to Eduardo, a business contact you have met on a number of occasions

(c) to a company
(d) to Bárbara, a teacher whose class you attended once
(e) to your friend, Susana
(f) in a formal business letter, to someone called Alberto Cardoso

10 ⋆ Choose an appropriate opening (1–8) for each sentence (a–h).

(a) ... uma cópia do meu currículo.
(b) ... para me apresentar e para oferecer meus serviços a sua empresa.
(c) ... anunciamos o lançamento de nosso novo modelo.
(d) ... para uma entrevista pessoal.
(e) ... a sua atenção.
(f) ... não há disponibilidade para as datas desejadas.
(g) ... sua candidatura ao Curso de Mestrado foi aprovada.
(h) ... me enviar detalhes dos cursos de Português para Estrangeiros.

1 Tomo a liberdade de escrever a V.Sa. ...
2 Peço a gentileza de ...
3 Temos a satisfação de informar-lhe que ...
4 Segue em anexo ...
5 Coloco-me à disposição ...
6 Lamentamos informar que ...
7 É com muito prazer que ...
8 Agradeço desde já ...

11 ⋆ Write a suitable closure for each email.

(a) **Bom dia, Gostaria de receber informações sobre os cursos de Português para Estrangeiros. ___(1) ___(2) Jane Green**
(b) **Oi Davi, Tudo bem aí? Estou anexando as fotos da festa que você me pediu. Ficaram ótimas! A gente se fala. ___ (3) Marcelo**

30
Basic strategies for communication

You are in a café with your Brazilian friend, Eliane. Translate your part of the conversation.

You:	(1) Excuse me!
Waitress:	**Pois não?**
You:	(2) What juices do you have?
Waitress:	**Laranja, maracujá, melão e abacaxi com hortelã.**
You:	(3) I'm sorry, could you repeat that more slowly please?
Waitress:	**Laranja, maracujá, melão e abacaxi com hortelã.**
You:	(*to Eliane*): (4) What's "hortelã" in English?
Eliane:	"Mint."
You:	(5) Interesting! (*to waitress*) I'll have (*Vou querer*) pineapple with mint, please. [*The waitress leaves.*]
Eliane:	**Você já almoçou?**
You:	(6) Sorry?
Eliane:	**Se você já almoçou?**
You:	(7) Ah, sorry. I didn't understand. Yes, I have had lunch.
Eliane:	**Ah, tá.**
You:	(8) Listen, I wanted to ask you something.
Eliane:	**Fala.**
You:	(9) The thing is, I'm looking for a place to live . . .
Eliane:	**Certo.**
You:	(10) I want to find a small apartment . . .
Eliane:	**Uma kitchenette?**
You:	(11) What was that? What does that word mean?
Eliane:	**Uma kitchenette. É um apartamento de um só aposento com banheiro.**
You:	(12) Yes, that's what I want.
Eliane:	**E que tal dividir um apartamento com outras pessoas?**
You:	(13) Well, it depends on the people and on the rent, but that would be good for my Portuguese!
Eliane:	**Então, hoje é o seu dia de sorte. Meu irmão divide um apartamento com duas amigas e uma delas vai sair. Ele me falou isso hoje mesmo.**
You:	(14) You're kidding! I don't believe it!
Eliane:	**É verdade. Deixa eu ligar para ele agora para saber quanto ele paga de aluguel.**
You:	(15) Great!

DOI: 10.4324/9781003278627-32

2 ★ Read this transcript of part of a talk on the subject of tourism in Rio de Janeiro and fill in the blanks with an appropriate expression from the box.

> pois bem   depois   tais como   ou seja   quero falar sobre   além disso
> por ultimo   no que se refere ao   em primeiro lugar   isso significa que

Nesta ocasião, ___(1) a tendência do turismo na cidade do Rio de Janeiro. ___(2)ₑ vou destacar alguns dos fatores que acarretaram o crescimento impressionante do turismo nos últimos anos. ___(3), pretendo examinar as perspectivas atuais, e, ___(4), quero mencionar os desafios que enfrentamos hoje e no futuro. ___(5). ___(6) turismo no Rio, devemos diferenciar dois componentes: o turismo interno e o turismo internacional, ___(7)ₑ turistas brasileiros e turistas estrangeiros. A revolução no setor do transporte aéreo aumentou a oferta de passagens baratas, tanto em voos domésticos como em voos internacionais. ___(8) o Rio se tornou um destino acessível para novos segmentos da população, ___(9) brasileiros das classes C e D e jovens do mundo inteiro. ___(10), o movimento cambial do real em relação a outras moedas tem favorecido o aumento do número de turistas provenientes de outros países da América Latina.

3 ★ How would you translate the words in italics in the sentences below?

(a) *Right/OK*, quem vai começar?
(b) *Look*, vou fazer o possível, tá?
(c) Você pode pagar isso? *It's just that* estou sem trocado.
(d) O dinheiro vai cair na minha conta amanhã. *Well at least*, espero eu.
(e) A comida brasileira é diferente do que eu imaginava. *In fact*, tudo no Brasil é diferente do que eu imaginava.
(f) *Well*, não sei bem como explicar.
(g) *Actually*, não sou inglês, sou escocês.
(h) De manhã, não dá para mim. *In other words*, vai ter que ser à tarde.
(i) Eu vou ter que mudar para São Paulo. *By the way*, você não morou um tempo em São Paulo?
(j) *The thing is this*: eu me apaixonei por você.

31
Asking questions and responding

⇨ See also MBPG 11 Interrogatives
    MBPG 27.2 Word order in questions

1 ⋆ Answer the following questions in the affirmative.

(a) **A festa foi boa?**
(b) **Vocês vão ficar em casa?**
(c) **O seu irmão fala inglês?**
(d) **Você pode esperar até amanhã?**
(e) **As crianças gostam de jogar videogame?**
(f) **Você teve tempo de ler o relatório?**
(g) **Vocês foram ver a peça?**
(h) **Você veio aqui ontem?**
(i) **Ela falou isso?**
(j) **Você quer mais vinho?**

2 ⋆ Now answer the questions in Exercise 1 in the negative.

3 ⋆ These are the answers to a series of questions Bob was asked about himself and his family. What were the questions? Write a suitable question for each answer.

(a) **Não, sou casado.**
(b) **Tenho sim, duas filhas.**
(c) **Não, minha esposa não trabalha.**
(d) **Moramos no Rio, sim.**
(e) **Gostamos muito de morar no Rio.**
(f) **Falo sim, mas não muito bem.**

4 ⋆ You call to enquire about a small apartment you have seen advertised. You have made a list of the things you want to know. How would you ask the questions in Portuguese?

(a) How many square metres (*metros quadrados*)?
(b) Which floor?
(c) What furniture is there?
(d) What's the neighbourhood (*bairro*) like?
(e) How much per month?
(f) When can I see it?

DOI: 10.4324/9781003278627-33

(g) What papers do I need to present?

(h) Who is currently (*atualmente*) living there?

5 ★ Rephrase the following questions in two different ways, first using **é que** and then changing the word order.

> *Example*:
> **Onde você mora?** > *Onde é que você mora?* > *Você mora onde?*

(a) **De onde você é?**

(b) **Quando você chegou no Brasil?**

(c) **O que ele disse?**

(d) **Por que ele saiu da empresa?**

(e) **Como vocês se conheceram?**

(f) **Quanto temos que pagar?**

(g) **Aonde vai esse ônibus?**

(h) **Qual eu devo comprar?**

6 ★ Insert the phrase **será que** "I wonder . . ." into the following questions to make them sound more rhetorical.

(a) **Eles entendem português?**

(b) **Onde eles foram?**

(c) **Ele se perdeu?**

(d) **Quando ela volta?**

(e) **Não é melhor ir de táxi?**

(f) **O que aconteceu com a Lúcia?**

(g) **Deveríamos contar para ela?**

(h) **Por que ela não quis vir?**

7 ★ Rephrase the following questions to sound more polite and less abrupt using . . . **sabe** . . .? or . . . **pode me dizer** . . .? Imagine you are addressing the person described in brackets.

(a) **Onde fica a estação de metrô?** (*to an elderly man*)

(b) **Qual é o ônibus que vai até o Pão de Açúcar?** (*to someone around your own age*)

(c) **Como funciona esse telefone?** (*to an older woman*)

(d) **Quanto tempo leva daqui até lá?** (*to a young man*)

(e) **Que horas abre a loja?** (*to a teenage girl*)

(f) **Qual a diferença entre "para" e "por"?** (*to an older male teacher*)

8 ★ Reply to each question according to the prompt in italics.

(a) **Você toma banho todos os dias?**	You: *Yes, of course.*
(b) **Você gosta de ir à praia com chuva?**	You: *Of course not.*
(c) **Desculpa, estou te atrapalhando?**	You: *Not at all.*
(d) **Você acha que é melhor ir de táxi?**	You: *Definitely.*
(e) **Todos os ingleses falam vários idiomas?**	You: *You must be joking!*
(f) **Você já ouviu falar em Pelé?**	You: *Of course I've heard of him.*
(g) **Viajar três dias de ônibus, já pensou?**	You: *Heaven forbid!*
(h) **Você me dá licença um minutinho?**	You: *Of course.*

32
Negating

⇨ See also MBPG 14 Negatives

1 ★

Decide what the words in italics mean using the clues given in brackets.

(a) **Foi uma noite** *inesquecível*. (*esquecer* = *to forget*)
(b) **Gastei meia hora** *desemaranhando* **os fios atrás do computador.** (*emaranhar* = *to tangle*)
(c) **A incompetência deles é** *inacreditável*. (*acreditar* = *to believe*)
(d) **Eu não conseguia** *desafivelar* **o cinto de segurança.** (*fivela* = *buckle*)
(e) **Várias casas foram** *destelhadas* **pela ventania.** (*telhado* = *roof*)
(f) **O tratamento é rápido e** *indolor*. (*dolorido* = *painful*)
(g) **Os jovens de hoje são mais** *desinibidos*. (*inibir* = *to inhibit*)
(h) **Estou me** *descabelando* **com esse trabalho chato.** (*cabelo* = *hair*)
(i) **Ela tem uma fé** *inabalável* **em Deus.** (*abalar* = *to shake*)
(j) **A polícia** *desmascarou* **o impostor.** (*máscara* = *mask*)

DOI: 10.4324/9781003278627-34

33
Reporting

⇨ See also MBPG 26.2 Subordinating conjunctions
           MBPG 11 Interrogatives
           MBPG 27.3 Word order in indirect questions
           MBPG 19.5 Verbs followed by the infinitive
           MBPG 20.3 The present or imperfect subjunctive in subordinate clauses

1 ★ Your friend Pedro tells you the following story. Two weeks later, another friend, Lia, asks you if you've heard from Pedro lately. Tell Lia what Pedro told you. Start as follows: **Eu vi o Pedro há duas semanas atrás, e ele me disse que . . .** What Pedro said to you: **"Vou sair da empresa onde trabalho, porque não aguento mais o meu chefe. Estou procurando emprego pela Internet e já mandei meu currículo para algumas empresas. Preciso arrumar um emprego logo, porque estou sem dinheiro. Meus pais vão me emprestar dinheiro para pagar o aluguel, mas vou devolver o dinheiro deles assim que puder."**

2 ★ Tomás, a Brazilian friend of yours, has asked you to phone an English-language school in London for him. As you speak to the secretary of the school on the phone, you are relaying her answers to Tomás in Portuguese. What do you say?

(a) *School secretary*: We start new classes (*abrir novas turmas*) every month.
    You: **Ela disse que . . .**

(b) *School secretary*: He will do a test when he gets here for us to determine (*determinar*) his level of English.
    You: **Ela disse que . . .**

(c) *School secretary*: The school will arrange (*providenciar*) a place for him to live with an English family.
    You: **Ela disse que . . .**

(d) *School secretary*: He can enrol (*matricular-se*) over the Internet. We have a page in Portuguese on our website (*nosso site*).
    You: **Ela disse que . . .**

(e) *School secretary*: If he pays a deposit (*um sinal*), he will receive a letter that he can present (*apresentar*) when he enters the country.
    You: **Ela disse que . . .**

(f) *School secretary*: He can pay the deposit by (*com*) credit card.
    You: **Ela disse que . . .**

 DOI: 10.4324/9781003278627-35

3 ★

A reporter for a celebrity gossip magazine interviews the Brazilian soap star, Ru Fernandes. The next day, the reporter tells her editor what she asked the actress. How does she report each question? Start each of your answers like this: **Eu perguntei . . .** *or* **Eu queria saber . . .**

(a) **Quantas novelas você já fez?**
(b) **Como é a sua personagem na nova novela?**
(c) **Você se identifica com a personagem?**
(d) **Quando é que a nova novela vai estrear na TV?**
(e) **Você gosta de se ver na televisão?**
(f) **Quem é o seu galã** (*leading man*) **predileto?**
(g) **Quais são os seus planos para o futuro?**
(h) **É verdade que você vai se aposentar da telinha** (*the small screen*) **depois dessa novela?**

4 ★

You are telling a Brazilian friend what happened in last night's episode of the telenovela, *Ventos do Amor*. There was a crucial scene between the two romantic leads, Tiago and Rosana. Read the dialogue and then report it to your friend.

Tiago: **Não posso te esperar mais. Vou voltar para a minha terra.**
Rosana: **Não vá embora, por favor. Fica só mais um pouquinho. Vou me separar do meu marido e nós vamos poder ir embora juntos.**
Tiago: **Mas faz tempo que você está dizendo isso. Por que você não se separa dele logo de uma vez?**
Rosana: **Porque não é tão simples assim. Meu marido vai ficar arrasado. Ele não tem culpa de nada, não quero magoá-lo.**
Tiago: **Você vai ter que fazer uma escolha, ou eu ou ele. Eu não consigo mais viver nessa incerteza. Se você não quiser magoar o seu marido, você deve ficar com ele, e eu vou embora para sempre. Se você quiser ficar comigo, você vai acabar magoando o seu marido, mais cedo ou mais tarde. Nesse caso, é melhor que seja logo.**
Rosana: **Espera mais uma semana, por favor . . .**
Tiago: **Que diferença vai fazer uma semana?**

5 ★

Your friend Tomás has lent you his apartment in Rio while he's away in England. When you arrive, you find a list of instructions on the kitchen table.

Molha as plantas de vez em quando Leva o lixo para baixo e joga na lixeira Paga a faxineira (Edna) que vem nas quartas (R$50,00) Pega minha correspondência com o porteiro Não deixe as janelas abertas quando você sai Não esqueça de sempre manter a porta trancada Você podia se apresentar à vizinha, Laís. Ela é muito legal. Se surgir algum problema com o apartamento, é melhor chamar o porteiro

Now tell another Brazilian friend, Ana, what Tomás has asked you to do. Start each sentence as shown.

(a) **Ele pediu . . .**
(b) **Ele falou . . .**

(c) **Ele quer que . . .**
(d) **Ele me pediu . . .**
(e) **Ele me mandou . . .**
(f) **Ele me lembrou . . .**
(g) **Ele sugere que . . .**
(h) **Ele recomenda que . . .**

34
Asking and giving personal information

⇨ See also **MBPG 23.2** *ser*
    MBPG 9 Possessives
    MBPG 4.2 The indefinite article

1 ★ You are attending the first lesson of a Portuguese course for foreigners and have been asked by the teacher to introduce yourself to the other members of the class. How would you introduce yourself, including the following information?

(a) given name
(b) surname
(c) nationality
(d) which town, city or state you are from
(e) your date of birth
(f) your marital status
(g) your job or occupation

2 ★ In the same Portuguese class, you are asked to interview a fellow student. What questions would you ask to get the information listed in Exercise 1 above?

3 ★ Here are the answers you got from interviewing two of your classmates. Now tell the rest of the class about each one in turn.

(a)	**Nome:**	Kyle
	Sobrenome:	Anderson
	Nacionalidade:	australiano
	Lugar e data de nascimento:	Melbourne, 21.9.86
	Onde mora?	Sydney
	Estado civil:	casado
	Profissão:	engenheiro
	Outras informações:	casado com uma brasileira, dois filhos pratica surfe

(b)	**Nome:**	Lola
	Sobrenome:	Sánchez
	Nacionalidade:	espanhola
	Lugar e data de nascimento:	Valladolid, 6.5.1990
	Onde mora?	Madri
	Estado civil:	solteira

DOI: 10.4324/9781003278627-36

Profissão:	estudante de Direito
Outras informações:	quer fazer um estágio num escritório de advocacia em São Paulo, dança flamenco

4

You are writing an email to a Brazilian whose profile you saw on a language exchange website. Tell him or her about yourself, including the following details:

- your name
- you are English
- you turned 22 last week
- you are single
- you were born in Norwich
- you now live in Durham, where you study at the university
- you work on the weekends as a waiter/waitress
- you are studying Portuguese and Spanish
- you want to practise your Portuguese

35

Identifying people and things

⇨ See also MBPG 23.2 *ser*
　　　　 MBPG 11.3 *qual, quais*
　　　　 MBPG 11.4 *quem*

1

You arrive at the airport in Porto Alegre on a business trip with your colleague, Julie Ryan. A representative of the Brazilian company, Fabiana Ribeiro, is waiting for you in the arrivals hall holding a placard with your name on it. What do you say to her?

You:	(1 *Ask if she is Fabiana.*)
Fabiana:	**Sou.**
You:	(2 *Say who you are and introduce your colleague, Julie Ryan.*)
Fabiana:	**Olá, muito prazer.**

2

Sônia, a Brazilian friend of yours back home, has arranged for you to go and stay with her parents in Campos do Jordão while you're in Brazil. When you arrive at the bus station in Campos do Jordão, you see an elderly man waiting who matches the description Sônia gave of her father, Roberto. What do you say to him?

You:	(1 *Ask if he is Mr . . ., Sônia's father.*)
Roberto:	**Sou. Você é . . ., não é?**
You:	(2 *Answer in the affirmative and say you are a friend of Sônia's.*)
Roberto:	**Tudo bem?**
You:	(3 *Say everything's fine and what about him?*)
Roberto:	**Por favor, me chama de "você"!**

3

Your Brazilian friend, Tainá, is looking at some photographs of your family and friends. Translate the dialogue.

Tainá:	(1) Who's he?
You:	(2) That's my brother. And this is my other brother with my cousin.
Tainá:	(3) Which one is your brother?
You:	(4) The one on the left.
Tainá:	(5) Who are these people?
You:	(6) This is my class (*turma*) at college (*faculdade*).
Tainá:	(7) And who is the elderly man (*o senhor*) with glasses?
You:	(8) That's our Portuguese teacher.
Tainá:	(9) Is he Brazilian?

DOI: 10.4324/9781003278627-37

You: (10) Yes, he's from Campinas.
Tainá: (11) And who are they?
You: (12) These are my parents with some friends of theirs.
Tainá: (13) Which ones are your parents?
You: (14) My dad is the tall one in shorts *(bermuda)* and my mum is the blond one in the blue dress.
Tainá: (15) They look *(parecem ser)* nice.

4 ⋆ You have just arrived at the bus station in Rio and need to get a city bus to Copacabana. You ask a lady for help. Complete the dialogue.

You: (1 *Say excuse me, madam, and ask if this is the bus for Copacabana.*)
Lady: **Não, esse não. Tem que pegar aquele ali.**
You: (2 *Ask which one. The yellow one?*)
Lady: **Não, não aquele, o outro ali.**
You: (3 *The blue one?*)
Lady: **Isso.**
You: (4 *Say OK and thank her.*).

36
Describing

⇨ **See also MBPG 23** *Ser*, *estar* **and** *ficar*
     MBPG 5 Adjective and adverbs

1 ⋆

You are staying in São Paulo and arrange to meet Daniel, the brother of a Brazilian friend of yours from back home. As you've never seen Daniel before, he describes himself to you on the phone so you will recognize him in the café where you are going to meet. What does he say? Use the following details:

Nome:	**Daniel Pires**
Idade:	**25**
Altura:	**1,82 m**
Biotipo:	**magro**
Cabelo:	**preto**
Pele:	**morena**
Roupa:	**camisa polo vermelha**
	calça jeans
Acessórios:	**óculos de sol**
	mochila cinza

2 ⋆

Your Brazilian friend, Edson, tells you he has a new girlfriend. You want to know all about her. How do you ask for the following information?

(a) what she looks like
(b) what colour her hair is
(c) what colour her eyes are
(d) whether she's pretty
(e) how old she is
(f) what kind of person she is
(g) whether she's outgoing (*extrovertido*)
(h) whether she has nice friends (nice = *legal*)

DOI: 10.4324/9781003278627-38

3 ⋆

You are in Brazil and are unlucky enough to be mugged. At the police station you give a description of the mugger. Choose an appropriate verb or verb phrase from the box to fill each gap, putting it into the correct form and tense.

ser	ter	estar	estar	com	estar	de	usar

O assaltante _____ (1) baixinho e _____ (2) pele morena. Ele _____ (3) uma camiseta amarela e uma bermuda preta. Ele _____ (4) chinelo. Acho que ele _____ (5) uns 20 anos. O que me chamou a atenção foi que ele _____ (6) uma cicatriz bastante grande no braço e _____ (7) um relógio caro no pulso. Ele _____ (8) uma faca na mão e, pelo visto, ele _____ (9) muito nervoso. _____ (10) uma experiência horrível.

4 ⋆

Read this description of the anteater (*tamanduá*) and then answer the questions below in Portuguese using complete sentences. You will find some of the vocabulary in the box below the text, but try to use the context to guess the meaning of any other words you don't know.

O tamanduá é um mamífero quadrúpede assim como a vaca, o cavalo ou o cachorro. Mas nenhum bicho desse mundo pode ser confundido com um tamanduá: ele tem um focinho fino e comprido, um corpo peludo e magro e um rabo que parece um espanador de pó.

Mais impressionantes são os hábitos alimentares desse bicho: o tamanduá é um aspirador de formigas e cupins. Ele não tem nenhum dente na boca, mas, em compensação, tem uma língua fina, comprida e gosmenta, que usa para capturar os insetos.

Para abrir o formigueiro e o cupinzeiro, o tamanduá usa as garras poderosas das patas dianteiras, que normalmente tem três dedos. O esforço vale a pena: ele chega a comer até 30 mil formigas por dia!

Um tamanduá normalmente mede 1,20 metros de comprimento. A longa cauda pode ter quase o mesmo tamanho do corpo: de 60 a 90 centímetros. Eles vivem nas florestas e no cerrado de toda a América do Sul e são muito comuns no Brasil.

Vocabulary: **mamífero** = mammal; **focinho** = snout; **peludo** = hairy; **rabo** = tail; **espanador de pó** = feather duster; **hábitos alimentares** = feeding habits; **aspirador** = vacuum cleaner; **formiga** = ant; **cupim** = termite; **gosmento** = slimy; **garra** = claw; **pata** = paw; **esforço** = effort; **cauda** = tail; **cerrado** = savanna

Questions:

(a)   Que tipo de bicho é o tamanduá?
(b)   Que aspecto ele tem?
(c)   Quantos dentes tem o tamanduá?
(d)   Como é a língua do tamanduá?
(e)   Como são as patas dianteiras do tamanduá?
(f)   De que tamanho é o tamanduá?
(g)   Qual é o comprimento da cauda?
(h)   Existem tamanduás no Brasil?

5 ★

You are telling your Brazilian friend Carla about the trip you went on to Foz do Iguaçu to see the famous waterfalls (*cataratas*). Complete your part of the dialogue using the correct form and tense of the verb **ser** or **estar**.

Carla: **Como foi de viagem?**

You: _____ (1) **maravilhoso! As cataratas são impressionantes. Valeu muito a pena.**

Carla: **E a viagem de ônibus para lá?**

You: _____ (2) **muito cansativa.** _____ (3) **dezessete horas de viagem.**

Carla: **Nossa! Você conseguiu dormir no ônibus?**

You: **Um pouco. Mas o ônibus** _____ (4) **lotado e** _____ (5) **impossível se deitar. Eu** _____ (6) **muito cansado quando cheguei em Foz, mas fui direto para o hotel e dormi.**

Carla: **E como estava o hotel?**

You: _____ (7) **um hotel bem simples, mas quando entrei no quarto,** _____ (8) **limpíssimo. E os funcionários** _____ (9) **muito simpáticos e prestativos. Ah, e o café da manhã que serviram no domingo** _____ (10) **maravilhoso!**

Carla: **E como estava o tempo lá?**

You: **Olha, lá** _____ (11) **sempre quente durante o dia. No dia em que eu fui ver as cataratas, o céu** _____ (12) **encoberto mas** _____ (13) **muito abafado.**

Carla: **E as cataratas?**

You: **Ah, sensacionais! A melhor parte** _____ (14) **quando andei pela passarela, ao nível do rio.**

Carla: **Você não sentiu medo?**

You: **Que nada!** _____ (15) **uma experiência incrível!**

37
Making comparisons

⇨ See also MBPG 5.8 Comparison of adjectives and adverbs
　　　　　 MBPG 5.9 Irregular comparative forms
　　　　　 MBPG 5.10 The syntax of comparative sentences
　　　　　 MBPG 23.2 *ser*

1 ★ You've done some research on the Internet about English–Portuguese dictionaries and noted down the details of two that look interesting. You go into a bookstore to take a look at them. Ask the salesperson to confirm the information you have by completing the comparative expressions below.

	Dicionário Cruzeiro	Dicionário Ponte
Número de verbetes	30.000	25.000
Exemplos de uso	2.000	10.000
Ano de publicação	2006	2010
Preço	R$40,00	R$50,00
Formato	16,5 × 12 cm	21 × 14 cm
Avaliação *dos* clientes	**	****

(a) O Dicionário Cruzeiro tem ___ *(verbetes)* ___, não é?
(b) O Dicionário Cruzeiro contém _____ *(exemplos de uso)* _____, não é?
(c) O Dicionário Ponte foi publicado _____ *(recentemente)* _____, não é?
(d) O Dicionário Cruzeiro _____ *(barato)* _____, não é?
(e) O formato do Dicionário Ponte _____ *(grande)* _____, não é?
(f) Segundo os clientes, o Dicionário Ponte ____ *(bom)* _____, não é?

2 ★★ Look at the following statistics about Brazil and Canada:

	Brasil	Canadá
Área	8.514.577 km²	9.984.670 km²
Habitantes (2009)	191.480.000	34.000.000
Densidade populacional	22 hab/km²	3.2 hab/km²
PIB per capita (2009)	US$ 10.269	US$ 39.098
Esperança de vida	72,4 anos	80,7 anos
Analfabetismo	10%	1%
Descoberto por europeus	1500	1497

DOI: 10.4324/9781003278627-39

Now complete the text below. **O Brasil é** _____ (1) **o Canadá em termos de área, mas sua população é muito** _____ (2)**. Isso significa que há muito** _____ (3) **habitantes por quilômetro quadrado no Canadá** _____ (4) **no Brasil. O PIB per capita do Canadá é quase quatro vezes** _____ (5) **o do Brasil, ou seja, de modo geral, os canadenses são** _____ (6) **ricos** _____ (7) **os brasileiros. Também, os canadenses vivem** _____ (8) **tempo** _____ (9) **os brasileiros, e o índice de alfabetização é** _____ (10)**. Os dois países foram descobertos por europeus na** _____ (11) **época, e depois de serem colonizados, começaram a acolher imigrantes de várias partes do mundo, com o resultado de que o povo canadense é** _____ (12) **diversificado** _____ (13) **o brasileiro.**

3 ★ Rephrase the following sentences using **tanto/tão**.

(a) **Ele não comeu menos do que eu.**
(b) **Ela não tem mais amigos do que eu.**
(c) **O custo de vida no Brasil não é muito menos caro do que nos EUA.**
(d) **Nós não sofremos menos do que eles.**
(e) **Eu acertei mais perguntas do que ele.**
(f) **O Rafael é mais forte do que eu.**
(g) **O português do Brasil é menos difícil do que o português de Portugal.**
(h) **Hoje tem menos trânsito do que ontem.**

4 ★ Using your knowledge of Brazil and the world, complete the following superlative expressions using the prompts in brackets.

(a) **São Paulo é** _____ **cidade** _____ **América do Sul.** (*grande*)
(b) **O Amazonas é** _____ **rio** _____ **Brasil.** (*extenso*)
(c) **O Monte Everest é** _____ **montanha** _____ **mundo.** (*alto*)
(d) **A Bíblia é** _____ **livro** _____ **de todos os tempos.** (*vendido*)
(e) **A China é** _____ **economia que** _____ **nas últimas décadas.** (*crescer*)
(f) **O italiano é** _____ **língua românica que** _____ **com o latim.** (*parecer-se*)
(g) **A Região Centro-Oeste é** _____ **região** _____ **Brasil.** (*populoso*)
(h) **O japonês é** _____ **povo que** _____ **no mundo.** (*comer peixe*)
(i) _____ **vinhos** _____ **mundo são os franceses.** (*bom*)
(j) **O deserto do Atacama é o lugar onde** _____ **no planeta.** (*chover*)

38

Expressing existence and availability

⇨ See also MBPG 24.3 Impersonal uses of certain verbs

1 ★ Complete the sentences below with the appropriate form of the verb **ter**, meaning "there is/are," "there was/were," etc.

(a) Se você estiver com sede, _____ suco na geladeira.
(b) Fomos àquele bar novo, mas _____ fila para entrar.
(c) A professora está dizendo que _____ prova amanhã.
(d) _____ pessoas que nunca saíram da cidade onde nasceram.
(e) De repente, _____ uma explosão e todo mundo saiu correndo.
(f) _____ três canetas na minha mesa, e agora todas sumiram.
(g) Vamos marcar o voo para o dia 10, se _____ lugar naquele dia.
(h) Não sei que prato escolher, _____ tantos.

2 ★ Complete the sentences below with the appropriate form of the verb **haver**, meaning "there is/are," "there was/were," etc.

(a) Neste hotel _____ quatro restaurantes.
(b) Ontem _____ uma reunião entre os diretores da empresa e sindicalistas.
(c) Naquela época, ainda _____ bondes no centro da cidade.
(d) Esse tipo de crime não aconteceria se _____ mais policiamento.
(e) Esperamos que _____ suficiente para todos.
(f) Se não _____ nenhum problema, os trabalhos devem ser concluídos até o final do ano.
(g) Infelizmente, não _____ disponibilidade nas datas desejadas.
(h) A praça se chama Cinelândia porque, antigamente, _____ vários cinemas no local.

3 ★ You are phoning a guest house (**pousada**) in Parati to book a room for yourself and two friends. Complete the dialogue as prompted.

Receptionist: **Pousada Água Verde, bom dia.**
You: (1 *Say good morning, you're phoning to know whether there is availability (**disponibilidade**) on March 10th and 11th.*)
Receptionist: **São quantas pessoas?**
You: (2 *Say there are three of you. Ask if there is a room for three people.*)

DOI: 10.4324/9781003278627-40

Receptionist:	**Um quarto para três pessoas não tem. Temos quartos para duas pessoas, ou temos um quarto-família, que tem uma cama de casal e duas camas menores para crianças.**
You:	(3 *Ask if the rooms for two people have a bathroom.*)
Receptionist:	**Têm sim. Todos os nossos quartos tem banheiro privativo.**
You:	(4 *Ask if there is a restaurant in the guest house.*)
Receptionist:	**Restaurante não tem, mas temos um café onde servimos o café da manhã.**
You:	(5 *Ask if there are restaurants nearby (**por perto**).*)
Receptionist:	**Têm sim, vários.**
You:	(6 *Ask if there is a beach in Parati.*)
Receptionist:	**A cidade não tem praia, mas vocês podem alugar um barco com barqueiro que leva vocês a umas praias da região.**

39
Expressing location and distance

⇨ See also **MBPG 23** *ser*, *estar* and *ficar*
      MBPG 11.7 *onde*
      MBPG 25 Prepositions

1 ⋆

Complete the questions and answers with the correct verb for "to be," choosing between **estar** and **ser/ficar** (the last two are interchangeable).

(a) Onde _____ o Jorge? – Ele _____ na cozinha.
(b) Onde _____ São José dos Campos? – _____ entre São Paulo e o Rio.
(c) Onde _____ os talheres? – Já _____ na mesa.
(d) Onde _____ o shopping mais próximo? – _____ longe daqui.
(e) Onde _____ o banheiro? – Subindo a escada, _____ na sua frente.
(f) Onde _____ a tampa dessa caneta? – _____ no chão, olha.
(g) Onde _____ o balcão da Air France? – _____ ali, ao lado do da Iberia.
(h) Onde _____ as melhores praias do Brasil? – Dizem que _____ no Nordeste.

2 ⋆

Rephrase the following questions using the colloquial expression **cadê**.

(a) **Onde está a Rita?**
(b) **Onde está meu celular?**
(c) **Onde estão as moedas que deixei aqui?**
(d) **Onde ela está?**

3 ⋆⋆

How would you say the following in Portuguese?

(a) The concert will be at the Municipal Theatre.
(b) Whereabouts are you from in Brazil?
(c) The hotel is located near the beach.
(d) Whereabouts in Avenida Rio Branco is the post office?
(e) The island is situated 2 km from the mainland (*o continente*).
(f) The 2014 World Cup (*Copa do Mundo*) was in Brazil.

DOI: 10.4324/9781003278627-41

4 ⋆ Choose a suitable prepositional phrase from the box to complete each sentence.

embaixo	entre	em frente	longe	no fundo	atrás	ao lado	em cima

(a) O detetive se escondeu _____ de uma árvore.
(b) Os alunos sentados _____ da sala não estavam ouvindo o professor.
(c) Ele ficou esperando a namorada _____ ao cinema.
(d) Quando viajo de avião, prefiro sentar _____ da janela.
(e) Você passou o aspirador _____ da cama?
(f) O Brasil fica muito _____ da Europa.
(g) Ela subiu _____ da mesa para trocar a lâmpada.
(h) A entrada do prédio fica _____ uma sapataria e um salão de cabeleireiro.

5 ⋆ Translate the following sentences about Brasília.

(a) Brasília is one hour and 40 minutes by plane from Rio.
(b) Brasília is a thousand kilometres from São Paulo.
(c) Brasilia is 12 hours by bus from Belo Horizonte.
(d) Brasília is 200 kilometres from Goiânia.
(e) How far is Brasília from Manaus?
(f) How many hours is it from here to Brasília by car?

40

Expressing possessive relations

⇨ See also MBPG 9 Possessives

1 ★ Rephrase the following sentences as shown in the example.

> *Example*:
> **Eu tenho um carro verde. Ele tem um carro preto.**
> *> O meu carro é verde, o dele é preto.*

(a) **Eu tenho cabelo liso. Você tem cabelo encaracolado.**
(b) **Você tem olhos azuis. Eu tenho olhos verdes.**
(c) **Eu tenho mãos grandes. Ela têm mãos pequenas.**
(d) **Nós temos uma casa moderna. Vocês tem uma casa antiga.**
(e) **Vocês tem um carro novo. Nós temos um carro velho.**
(f) **Nós temos filhos exemplares. Eles têm filhos problemáticos.**
(g) **Elas têm roupas lindas. Eu tenho roupas horríveis.**
(h) **Ela tem um gênio forte. Ele tem um gênio pior.**

2 ★ Look at the following exchanges and decide whether a definite article (*o, a, os, as*) is required before the possessive in each case.

(a) **– Acho que você pegou a minha bolsa. – Não, aquela bolsa é ___ sua, essa é ___ minha.**
(b) **– De quem é esse celular? – É ___ meu.**
(c) **– A casa de vocês é bonita, hein? – Mas essa casa não é ___ nossa. Nós moramos naquela do lado.**
(d) **– Essas chaves são ___ suas? – São.**

3 ★ Complete the following mini-dialogues with the appropriate possessive expressions following the prompts in brackets.

(a)

Policeman:	**Esse carro é ___** (*yours*)**, senhor?**
You:	**Não, não sei ___** (*whose it is*)**. Aquele ali é ___** (*mine*)**.**

(b)

You:	**Essa mesa é ___** (*ours*)**?**
Waiter:	**Não, ___** (*yours*) **é aquela redonda.**

DOI: 10.4324/9781003278627-42

(c)

You: **Aquele cachorro com que a Júlia passeava é ____** (*hers*)**?**
Your friend: **Não, ____** (*it's her boyfriend's*).

(d)

You: **Vou te mostrar as minhas fotos da festa, e quero ver ____** (*yours*).
Your friend: **Tudo bem, mas acho que ____** (*yours*) **ficaram melhores do que ____**
    (*mine*).

(e)

You: **Pedro e Lúcia moram nessa rua. Será que esse prédio é ____** (*theirs*)**?**
Your friend: **Não, ____** (*theirs*) **fica na esquina.**

(f)

Your friend: **Essas cadeiras são ____** (*yours – plural*)**?**
You: **Não, ____** (*they're the former owner's*).

(g)

Teacher: **____ ____óculos?** (*Whose glasses are these?*)
You: **Devem ser ____** (*Sandra's*), **____** (*mine*) **estão aqui comigo.**

(h)

Your friend: **Que xícaras lindas!**
You: **Pois é, eram ____** (*my grandmother's*).

4 ⋆ Imagine you are writing a newspaper report based on the following account given by a police-
man called to the scene. Modify the possessives as appropriate for more formal written style,
being careful to avoid ambiguity. Start your report as follows:

> **O empresário Ricardo Teixeira e sua esposa . . .**

> **"O senhor Ricardo e a esposa dele estavam na frente da casa deles quando foram
> abordados por dois homens armados. O Ricardo conta que a esposa dele teve a
> bolsa roubada e que levaram o celular dele. A bolsa foi encontrada mais tarde na
> rua do lado, com o conteúdo dela intacto."**

5 ⋆ How would you express the following in Portuguese?

(a) She looks like her mother.
(b) I took off my glasses.
(c) You can open your eyes now.
(d) His own sister didn't recognize him.
(e) I feel like a foreigner in my own country.
(f) They should take care of their own problems.
(g) The dog pricked up its ears. (*prick up = empinar*)
(h) We put on our coats.

41

Expressing changes

⇨ See also MBPG 23.4 *ficar*
MBPG 22 Reflexive verbs

1 ★ Rephrase the following sentences using **ficar** and an adjective.

Example:

Ele amadureceu muito recentemente.
> *Ele ficou muito mais maduro recentemente.*

(a) **O céu escureceu de repente.**
(b) **Pois é, estamos envelhecendo.**
(c) **Eles se impressionaram com a história.**
(d) **Ele enriqueceu vendendo carros usados.**
(e) **Ela se emociona quando fala do filho.**
(f) **Aqui resfria à noite.**
(g) **A água demora para esquentar.**
(h) **Ela engravidou aos 19 anos.**

2 ★ How would you translate the following sentences into English?

(a) **Estou ficando com fome.**
(b) **Você fica linda de cabelo curto.**
(c) **Esse verde vai ficar ótimo no banheiro.**
(d) **Fiquei chocado quando soube.**
(e) **Não fique triste.**
(f) **Ela vai ficar feliz com a notícia.**
(g) **Essa calça ficou pequena em você.**
(h) **Esse queijo fica muito bom com uma taça de vinho.**

3 ★ Rephrase each sentence as shown using the verb given in brackets.

Example:

Fiquei triste com a notícia. (*deixar*)
> *A notícia me deixou triste.*

(a) **A energia solar fica mais viável com a nova tecnologia.** (*tornar*)
(b) **A calçada ficou escorregadia com a chuva.** (*deixar*)

DOI: 10.4324/9781003278627-43

(c) **Depois de ser comprado por um empresário, o velho cinema virou boate.** (*transformar*)

(d) **Com esse xampu, meu cabelo fica brilhoso.** (*deixar*)

(e) **Com a abertura do mercado, as passagens aéreas ficaram mais acessíveis.** (*tornar*)

(f) **Sob o novo prefeito, a cidade vai se tornar um polo de turismo cultural.** (*transformar*)

4 ⋆ Choose the most appropriate verb from the box and put it in the correct form to complete each sentence.

| virar | tornar-se | transformar-se | ser | transfigurar-se | converter-se |

(a) **Em 1996, o Davi _____ ao judaísmo para poder casar com a namorada.**

(b) **A adolescente desengonçada acabou _____ numa linda mulher.**

(c) **Ouvi dizer que o Daniel _____ pai.**

(d) **Com aquele passo, Neil Armstrong _____ o primeiro homem a pisar na lua.**

(e) **O sonho dela é _____ atriz.**

(f) **Na literatura, a palavra escrita _____ em arte.**

5 ⋆ How would you say the following in Portuguese?

(a) My dad has turned the garage into an office.

(b) I made the bottle into a lamp. (*a lamp = um abajur*)

(c) She is becoming a top-class athlete. (*top-class = de primeira categoria*)

(d) The wine made me dizzy. (*dizzy = tonto*)

42

Expressing cause, effect and purpose

⇨ See also MBPG 25 Prepositions
MBPG 26 Conjunctions
MBPG 19.4 Use of the infinitive after prepositions
MBPG 20.3 The present or imperfect subjunctive in subordinate clauses

1 ★ Match each of the facts on the left with the appropriate reason on the right.

(a)	O aeroporto foi fechado . . .	1	por serem diferentes.
(b)	O trânsito engarrafou . . .	2	graças ao nosso goleiro.
(c)	A fábrica está paralisada . . .	3	porque você me chamou de idiota.
(d)	O candidato foi rejeitado . . .	4	por motivos de saúde.
(e)	Eles não são aceitos na sociedade . . .	5	por falta de visibilidade.
(f)	Ela foi obrigada a se aposentar . . .	6	por causa de um caminhão tombado.
(g)	Só não perdemos o jogo . . .	7	por não dominar o inglês.
(h)	Eu fiquei chateado . . .	8	devido a uma greve dos operários.

2 ★ Rephrase each sentence using the conjunction indicated.

Example:

Ela não veio ontem por estar doente. (*porque*)
> *Ela não veio ontem porque estava doente.*

(a) **Fazemos compras perto de casa por não termos carro.** (*como*)
(b) **Eles desistiram da compra por não confiarem no vendedor.** (*pois*)
(c) **Somos obrigados a cancelar o projeto por vocês não estarem dispostos a colaborar.** (*visto que*)
(d) **Ele vai ser expulso da faculdade por ter colado numa prova.** (*porque*)
(e) **Mudamos a reunião para quinta por eles não poderem na quarta.** (*já que*)
(f) **Sei um pouco de italiano por ter passado um mês em Roma.** (*como*)
(g) **Nós nos perdemos no caminho por estarmos sem mapa.** (*porque*)
(h) **Não vou poder entregar o trabalho hoje por não ter terminado ainda.** (*pois*)

DOI: 10.4324/9781003278627-44

Expressing cause, effect and purpose

3 ★ Match each of the actions on the left with the appropriate purpose on the right.

(a)	Tivemos que correr . . .	1	para não acordar o bebê.
(b)	Comprei ovos . . .	2	para viajar no feriado.
(c)	A Sandra me ligou . . .	3	para não perder o ônibus.
(d)	Precisamos de mais tempo . . .	4	para se conhecerem melhor.
(e)	Não fiz barulho . . .	5	para fazer bolo.
(f)	Vou anotar na minha agenda . . .	6	para terminar o trabalho.
(g)	Alugamos um carro . . .	7	para contar a novidade.
(h)	Os alunos organizaram uma festa . . .	8	para não esquecer.

4 ★ Rephrase each sentence using **para** and a personal infinitive construction.

> *Example*:
>
> **O motorista parou e eu desci do ônibus.**
> > *O motorista parou para eu descer do ônibus.*

(a) **O guarda parou o trânsito e as crianças atravessaram.**
(b) **Ela abriu o portão e nós entramos.**
(c) **Vou segurar a escada e você sobe.**
(d) **Ela levou o namorado em casa e ele conheceu os pais dela.**
(e) **Vou acender a lareira e vocês não vão passar frio.**
(f) **Vamos colocar uma cerca e as galinhas não vão fugir.**
(g) **Ela trouxe o álbum e nós vimos as fotos do casamento.**
(h) **Ele me emprestou um terno e eu o usei na festa de formatura.**

5 ★★ Explain the difference in meaning between the following pairs of sentences.

(a) **Abriram a válvula de forma que a pressão diminuiu. Abriram a válvula de forma que a pressão diminuísse.**
(b) **Ela destrancou a porta para eu entrar. Ela destrancou a porta para entrar.**
(c) **O Pedro ligou a TV para ver o jogo. O Pedro ligou a TV para vermos o jogo.**
(d) **Desvalorizaram a moeda de modo que as exportações aumentassem. Desvalorizaram a moeda de modo que as exportações aumentaram.**
(e) **Não sei porque não me falaram. Não sei por que não me falaram.**

6 ★★ How would you say the following in Portuguese?

(a) He's been arrested for murder. (*murder = **homicídio***)
(b) He's been chosen for a special mission. (*mission = **missão***)
(c) For this reason, we need to hire more people. (*hire = **contratar***)
(d) We've hired five people for this project. (*project = **projeto***)

43
Expressing knowledge

⇨ See also MBPG 24.2 Modal constructions

1 ★ Choose the appropriate verb to complete each sentence.

(a) Você _____ (*sabe/conhece*) a minha tia?
(b) Você _____ (*sabe/conhece*) como chegar na casa deles?
(c) Você _____ (*sabe/conhece*) Londres?
(d) Você já _____ (*sabia/conhecia*) guaraná antes de vir ao Brasil?
(e) Você _____ (*sabe/conhece*) espanhol?
(f) Você _____ (*sabe/conhece*) quem quebrou a impressora?
(g) Eu _____ (*sabia/conhecia*) que isso ia acontecer.
(h) Não _____ (*sei/conheço*) a idade dela.

2 ★ Choose the appropriate form of **saber**, **conhecer** or **entender** to complete the following sentences.

(a) Vocês se _____ há muitos anos?
(b) Alguém aqui _____ de celular? Parece que o meu está com problema.
(c) Para se virar no Brasil é preciso _____ português.
(d) Na verdade, poucos brasileiros _____ sambar direito.
(e) Os nossos vizinhos moram aqui há vinte anos e _____ bem o bairro.
(f) Meu tio, que _____ de carro, recomendou esse modelo.
(g) Eu estava muito confuso e não _____ o que fazer.
(h) Na Amazônia existem muitas plantas medicinais que só os moradores da floresta _____.
(i) Você _____ me dizer onde eu posso sacar dinheiro com esse cartão?
(j) Precisamos de alguém que _____ de marketing digital.

3 ★ Respond to the following sentences as indicated using an idiomatic expression involving the verb **saber**.

(a) **Quantas páginas tem o seu dicionário?** (*How should I know?*)
(b) **O trânsito pode estar complicado naquele horário.** (*Yes, you never know.*)
(c) **Onde é que o aquecimento global vai parar?** (*Who knows?*)
(d) **Me desculpa, por favor.** (*OK, but I'll have you know, I didn't like what you said.*)
(e) **Acho que vou terminar com meu namorado.** (*You never know, it might be better that way.*)
(f) **Vamos ter que esperar muito ainda por esse ônibus?** (*How am I supposed to know?*)

DOI: 10.4324/9781003278627-45

(g) **O que é que ele falou para ela que ela ficou tão chateada assim?** (*How should I know what he said?*)

(h) **Você conseguiu uma bolsa de estudos?** (*That's right. I found out yesterday.*)

4 ⋆ Translate the following sentences into Portuguese.

(a) He met his wife at university.

(b) I heard that you moved house. (*move house* = ***mudar de casa***)

(c) Have you ever been to Buenos Aires?

(d) Let's ask Renata. She knows all about IT. (*IT* = ***informática***)

(e) Can you read Chinese?

(f) I haven't the faintest idea where they've gone.

(g) We already know each other. We met last week.

(h) I'm not familiar with Brazilian literature.

44
Remembering and forgetting

1 ★ Your friend is very forgetful. Ask him/her if he/she remembered to do the things listed.

> *Example*:
>
> pay the electricity bill > *Você lembrou de pagar a conta de luz?*

(a) go to the bank
(b) phone his/her mother
(c) buy milk
(d) lock the door
(e) bring his/her passport
(f) turn off the fan (*fan = ventilador*)
(g) close the windows
(h) wash the dishes (*the dishes = a louça*)

2 ★ Now tell your friend not to forget to do the things listed above.

> *Example*:
>
> pay the electricity bill > *Não esqueça de pagar a conta de luz.*

3 ★ You are holding a barbecue and are afraid you might forget to do something important. Ask your friend to remind you.

> *Example*:
>
> sweep the yard > *Me lembra de varrer o quintal.*

(a) buy bread
(b) take the meat out of the freezer (*freezer = o freezer*)
(c) put the beer in the fridge
(d) wash the salad
(e) light the barbecue at midday (*barbecue = churrasqueira*)
(f) invite the neighbours

DOI: 10.4324/9781003278627-46

4 *

Reply to the following questions saying you don't remember.

> *Example*:
>
> **Você não desligou o computador?**
> > *Não lembro de ter desligado o computador.*

(a) **Você não trancou a porta?**
(b) **Você não leu esse livro quando era criança?**
(c) **Você não disse que queria ir?**
(d) **O professor não escreveu a palavra no quadro?**
(e) **Eles não pediram para a gente levar uma sobremesa?**
(f) **Você não recebeu o meu e-mail?**

5 *

Translate the following sentences using the verbs **lembrar** or **esquecer**.

(a) I left my jacket in the restaurant.
(b) He reminds me of George Clooney.
(c) Can you remind Pedro about the meeting *(reunião)* tomorrow?
(d) I forgot it was your birthday today.
(e) Can you remember the name of the street where they live?
(f) Do you remember Tânia? She's my cousin.
(g) Did you forget to lock the car?
(h) I like this song *(música)* because it reminds me of my trip to Brazil.

45
Expressing obligation and duty

⇨ See also MBPG 24.2 Modal constructions

1 ⋆

You are organizing a surprise birthday party for a friend and have written a list of what each person has to do:

Sílvia:	fazer o bolo
Marcelo:	providenciar a música
Elaine e Júlia:	comprar salgadinhos
Eu:	reservar o salão de festas
Jaime:	cuidar das bebidas
Ana e Marco:	enfeitar o salão
Eu e Karina:	buscar o aniversariante

Now tell the group what each person has to do using **ter que**.

Example:

A Sílvia tem que fazer o bolo.

(a) **O Marcelo . . .**
(b) **Elaine e Júlia . . .**
(c) **Eu . . .**
(d) **O Jaime . . .**
(e) **Ana e Marco . . .**
(f) **Eu e Karina . . .**

2 ⋆⋆

Explain the slight difference in meaning between the two sentences in each case.

(a) **Preciso terminar esse trabalho hoje. Tenho que terminar esse trabalho hoje.**
(b) **O médico disse ao meu tio que ele tem que parar de fumar. O médico disse ao meu tio que ele precisa parar de fumar.**
(c) **Eu tinha que mudar a minha passagem. Eu tive que mudar a minha passagem.**
(d) **Você não tem que ir. Você não deve ir.**
(e) **Vocês devem procurar um advogado. Vocês deveriam procurar um advogado.**
(f) **Tenho que comprar um dicionário de português. Preciso comprar um dicionário de português.**
(g) **A constituição deve proteger os cidadãos. A constituição deveria proteger os cidadãos.**

DOI: 10.4324/9781003278627-47

(h) **Você não precisa falar português para trabalhar nessa empresa. Você não tem que falar português para trabalhar nessa empresa.**

3 ☆ How would you ask the following impersonal questions in the spoken language?

(a) Do you have to pay a deposit? (*a deposit* = **um sinal**)
(b) Do we have to present some ID? (*some ID* = **um documento de identidade**)
(c) Do you need to buy the tickets in advance? (*in advance* = **com antecedência**)
(d) Do we need to make a reservation? (*make a reservation* = **fazer uma reserva**)

4 ☆ How would you say the following in Portuguese?

(a) The government should not have raised income tax. (*income tax* = **imposto de renda**)
(b) You could have tidied your room!
(c) He was supposed to finish the job today.
(d) You should have heard her excuse!
(e) You shouldn't have turned the computer off!
(f) They were supposed to be here at nine.
(g) We should have reserved a table.
(h) I ought not to have come.

46
Expressing needs

⇨ See also MBPG 24.2 Modal constructions
          MBPG 20.3 The present or imperfect subjunctive in subordinate clauses

1 Insert the preposition **de** *if necessary* in the following sentences.

(a) Precisamos ___ mais leite.
(b) Precisamos ___ terminar esse trabalho hoje.
(c) Você precisa ___ alguma coisa da farmácia?
(d) Você precisa ___ comprar algum material para o curso?
(e) Precisa ___ esperar na fila?
(f) Precisa ___ senha para acessar o site?
(g) Vocês precisam ___ quantas cadeiras?
(h) Preciso ___ achar uma caixa elétrica.

2 Rephrase the sentences below using **preciso/precisamos que . . .** as shown.

Example:

Você precisa me ajudar. > *Preciso que você me ajude.*

(a) **Vocês precisam estar aqui às oito.** > *Precisamos que . . .*
(b) **Você precisa me ligar.** > *Preciso que . . .*
(c) **Os candidatos precisam preencher uma ficha.** > *Precisamos que . . .*
(d) **O técnico precisa vir aqui em casa.** > *Preciso que . . .*
(e) **Você precisa corrigir o meu português.** > *Preciso que . . .*
(f) **Você precisa ler a minha redação e me dar a sua opinião.** > *Preciso que . . .*

3 What do the following sentences mean in English?

(a) **Eu não acho que seja o caso de cancelar o jogo.**
(b) **Na política, é fundamental ouvir os eleitores.**
(c) **É preciso reformar o sistema de saúde.**
(d) **É imprescindível que o candidato domine o inglês.**
(e) **Esta área necessita ser revitalizada.**
(f) **Foram necessárias seis pessoas para carregar o piano.**
(g) **Eu ia levar um casaco. Será que precisa mesmo?**
(h) **Quero descansar hoje. Estou precisando.**

DOI: 10.4324/9781003278627-48

Expressing needs

4 ★★ How would you say the following in Portuguese using the verb **precisar**?

(a) If you need anything, call me.
(b) I need a receipt.
(c) I need to go to the airport.
(d) Is it necessary to make an appointment?
(e) We need you to answer some questions.
(f) I don't need a blanket. (*blanket* = *cobertor*)
(g) You don't need to come with me.
(h) We need to be there at ten.

47

Expressing possibility and probability

⇨ See also **MBPG 24.2 Modal constructions**
        MBPG 20.3 The present or imperfect subjunctive in subordinate clauses
        MBPG 20.6 The subjunctive in main clauses

1 ★   Construct sentences using the prompts below.

> *Example*:
>
> **Pode ser que ela ...** *(voltar amanhã)*
> > *Pode ser que ela volte amanhã.*

(a)   **Talvez você ...** *(preferir ficar sozinho)*
(b)   **Pode ser que ...** *(chover mais tarde)*
(c)   **De repente ela ...** *(vir aqui hoje)*
(d)   **É possível que o voo ...** *(ser cancelado)*
(e)   **É difícil eles ...** *(baixar o preço)*
(f)   **É provável que a nova lei ...** *(trazer benefícios para as microempresas)*
(g)   **Será que nós ...** *(chegar a tempo)?*
(h)   **Existe a possibilidade de que a empresa ...** *(ter que fechar as portas).*

2 ★   Give an appropriate response to the sentences below using the prompt in brackets.

(a)   **Será que o Mauro esqueceu que nós íamos nos encontrar hoje?** *(Could be.)*
(b)   **Não seria mais fácil a gente ir de metrô?** *(Yes, perhaps.)*
(c)   **Acho que a Sandra vai querer ir com a gente.** *(Probably.)*
(d)   **Será que nós vamos ganhar um aumento de salário?** *(I think it's unlikely.)*
(e)   **Por que será que o Cláudio desistiu de fazer o curso?** *(Maybe he changed his mind.)*
(f)   **Uma passagem de ida e volta ao Rio por $50?** *(That's impossible!)*

DOI: 10.4324/9781003278627-49

Expressing possibility and probability

3 ⋆ You went for a job interview to work as an English teacher and are waiting to hear from the school. You are talking to a Brazilian friend and wondering why the school hasn't called yet. Use *será que* to introduce the possible reasons listed.

> *Example*:
>
> **não gostar de mim > *Será que não gostaram de mim?***

(a) **perder o meu telefone**
(b) **contratar outra pessoa**
(c) **não tomar uma decisão ainda**
(d) **tentar me ligar**
(e) **entrevistar outros candidatos**
(f) **desistir de contratar um novo professor**

4 ⋆ Now rephrase the possible reasons given in Exercise 3 above using the verb **poder**.

> *Example*:
>
> **não gostar de mim > *Eles podem não ter gostado de mim.***

48

Expressing certainty and uncertainty

⇨ **See also MBPG 20.3 The present or imperfect subjunctive in subordinate clauses**

1 ★

Give an appropriate response to each sentence using the prompt in brackets.

(a) **Você tem e-mail?** *(Of course.)*
(b) **Você não quer mais. Tem certeza?** *(Positive.)*
(c) **Quem sabe não nos dão um desconto?** *(I doubt it.)*
(d) **O nosso time mereceu ganhar o jogo.** *(That's not what I think.)*
(e) **Você vai descansar no fim de semana, não é?** *(Definitely).*
(f) **Será que a Ângela gostou do presente?** *(I think so.)*
(g) **Você se incomoda se eu sentar aqui?** *(Of course not.)*
(h) **Acho que a festa vai ser um grande sucesso.** *(I'm not sure.)*
(i) **Mas ele agiu com as melhores intenções.** *(No doubt.)*
(j) **Você vai poder ir com a gente?** *(I don't think so.)*

2 ★★★

Explain the difference in meaning between the two sentences in each case.

(a) **Eu acho que o português não é difícil. Eu não acho que o português seja difícil.**
(b) **Duvido que ele não saiba. Não duvido que ele saiba.**
(c) **Tenho certeza de que ela não está mentindo. Não tenho certeza de que ela está mentindo.**
(d) **Acho que ela não fez isso por mal. Não acho que ela tenha feito isso por mal.**

3 ★★★

How would you say the following sentences in Portuguese?

(a) Of course I don't mind.
(b) I'm not sure about that.
(c) It's not certain that the project will be approved.
(d) I doubt that she remembers me.
(e) There is absolutely no doubt that smoking is bad for you *(faz mal à saúde)*.
(f) Of course I like ice cream.
(g) I'm convinced it was Caio who stole the money.
(h) "She'll definitely be back." – "Do you think so?"

4 ★

You are writing an email to a Brazilian friend, Vinícius, who recently had an accident and broke his leg. Fill in the gaps with an appropriate expression from the box.

DOI: 10.4324/9781003278627-50

com certeza	é lógico que	sem dúvida	claro que não	tenho certeza de	duvido

Oi Vinícius, Eu soube da Patrícia que você quebrou a perna. _____ (1) fiquei muito triste com a notícia, mas a Patrícia me falou que você já está em casa e andando de muletas. Conhecendo você, eu _____ (2) que você consiga ficar muito tempo parado com a perna para cima. _____ (3) você já está andando por aí com as suas muletas, como se nada tivesse acontecido. _____ (4) se deve brincar com essas coisas, _____ (5) você sabe disso, então vai com calma e te cuida aí. _____ (6) que você vai ficar bem logo. Um abraço, . . .

49
Expressing supposition

⇨ See also **MBPG 20.3 The present or imperfect subjunctive in subordinate clauses**
    MBPG 20.5 The subjunctive in conditional clauses

1 ★ Choose the correct verb form in each case.

(a) **Se te _____ o emprego, você vai aceitar? oferecerem oferecem**
(b) **Vai que o bar _____ lotado, aí aonde vamos? esteja está**
(c) **Imagina que você _____ deitada numa praia deserta. esteja está**
(d) **Vamos supor que _____ a nossa proposta, quando vamos começar o trabalho?**
    aceitem aceitam
(e) **Supondo que _____ ricos, como é que você passaria o seu tempo? sejamos fôssemos**
(f) **Se você _____ que escolher, você ia para a China ou para a Índia? tivesse tiver**
(g) **Vamos supor, o senhor _____ um empréstimo de R$10.000,00. A prestação fica em**
    R$200,00 por mês. toma tome
(h) **Imagine que você _____ fazer qualquer tipo de trabalho, o que você faria? possa**
    pudesse

2 ★ You have arranged to meet two Brazilian friends, Daniel and Vânia, in a café. Vânia is there as planned, but Daniel has not arrived yet. Rephrase the probable reasons why he's not there using the verb **dever**.

> *Example*:
>
> **Acho que ele está preso no trânsito.**
> > *Ele deve estar preso no trânsito.*

(a) **Acho que ele está esperando o ônibus.**
(b) **Acho que ele esqueceu.**
(c) **Acho que ele está no trabalho ainda.**
(d) **Acho que ele teve algum problema.**
(e) **Acho que ele está a caminho.**
(f) **Acho que ele se perdeu.**
(g) **Acho que ele errou de lugar.** (= *got the wrong place*)
(h) **Acho que ele chega daqui a pouco.**

DOI: 10.4324/9781003278627-51

Expressing supposition

Your Portuguese teacher is giving each student a role-play task to act out in the class. How does she give the instructions in Portuguese? Start each answer with the words given in brackets.

(a) You want to change money – what do you say? (*Vamos supor que . . .*)

(b) You are in a restaurant – how do you ask for the menu? (*Imagine que . . .*)

(c) You work for a company in Brazil – how do you answer the phone? (*Faz de conta que . . .*)

(d) If you didn't have a watch on, how would you ask what time it is? (*Se . . .*)

50
Expressing conditions

⇨ See also MBPG 20.5 The subjunctive in conditional clauses
    MBPG 20.3 The present or imperfect subjunctive in subordinate clauses
    MBPG 26.2 Subordinating conjunctions

1 ★ Fill in the gaps in each sentence using the verbs given in brackets.

(a) Se _____ (*fazer*) sol amanhã, vamos à praia.
(b) Eu vou te ajudar se _____ (*poder*).
(c) Se vocês _____ (*querer*), podem ligar a televisão.
(d) Se você _____ (*ir*) ao supermercado, compra leite.
(e) Vou ficar contente se eu _____ (*tirar*) uma boa nota.
(f) Se _____ (*sair*) agora, chegamos lá no final da tarde.
(g) Se os alunos não _____ (*ter*) tempo para estudar, não vão passar na prova.
(h) Se a nova lei _____ (*ser*) aprovada, será mais difícil entrar no país.

2 ★ Match each conditional phrase on the left with an appropriate consequence on the right.

(a) Se o livro fosse menos caro, . . .   1 vamos visitar uma escola de samba.
(b) Se você precisar de ajuda, . . .   2 íamos terminar mais rápido.
(c) Se ele estudasse mais, . . .   3 fala que você não sabe de nada.
(d) Se tivermos tempo, . . .   4 eu o comprava.
(e) Se todos ajudassem, . . .   5 vamos para outro lugar.
(f) Se ela perguntar, . . .   6 não ia confiar nele.
(g) Se o bar estiver muito cheio, . . .   7 tiraria melhores notas.
(h) Se eu fosse você, . . .   8 pode contar comigo.

3 ★★ A number of people were asked what they would do if they had a lot of money. Use the infinitives shown to reconstruct their answers.

> *Example*:
> Miguel: herdar uma fortuna – comprar um helicóptero
> > *Se eu herdasse uma fortuna, ia comprar um helicóptero.*

(a) Luciana: **ter muito dinheiro – ajudar os pobres**
(b) Rafael e Fabiana: **ganhar na loteria – construir uma casa nova**
(c) Zeca: **ser milionário – viajar pelo mundo**
(d) Pedro e Susana: **ficar rico – parar de trabalhar**
(e) Virgínia: **poder gastar à vontade – comprar um apartamento em Paris**
(f) Felipe e Luís: **obter o capital – montar uma escola de mergulho**

DOI: 10.4324/9781003278627-52

4 ★ Repeat your answers to Exercise 3 above using (A) the conditional and (B) the imperfect.

> *Example*:
>
> Miguel: **herdar uma fortuna – comprar um helicóptero**
> > A: *Se eu herdasse uma fortuna, compraria um helicóptero.*
> > B: *Se eu herdasse uma fortuna, comprava um helicóptero.*

5 ★ Rephrase the following sentences using a conditional construction.

> *Example*:
>
> **Você não estudou o suficiente e foi reprovado na prova.**
> > *Se você tivesse estudado o suficiente, você não teria sido reprovado na prova.*

(a) **Ele colou na prova e foi expulso da faculdade.**
(b) **Nós nos atrasamos e perdemos o voo.**
(c) **Vocês beberam muito ontem e hoje vocês estão de ressaca.**
(d) **Eu estacionei em lugar proibido e levei multa.**
(e) **Você não fez a prova com calma e errou muito.**
(f) **Eles não jogaram bem e saíram da competição.**
(g) **Ela não avisou que vinha e nós não preparamos nada.**
(h) **Eu não passei protetor solar e agora minha pele está ardendo.**

6 ★ Rephrase the following sentences, replacing the part in italics with a clause introduced by the conjunction given in brackets.

(a) **Este candidato promete acabar com a corrupção** *se for eleito*. (*caso . . .*)
(b) **Eu vou te emprestar o livro** *se você o devolver amanhã*. (*desde que . . .*)
(c) *Poderiam me oferecer o dobro do salário*, **eu não aceitaria o emprego.** (*Mesmo que . . .*)
(d) **Nós vamos fazer um churrasco no domingo,** *se não chover*. (*a não ser que . . .*)
(e) **A empresa concordou em negociar com o sindicato,** *se a greve for suspensa*. (*uma vez que . . .*)
(f) **O passageiro pode levar uma peça de bagagem de mão,** *mas tem que caber no compartimento superior*. (*com a condição de que . . .*)
(g) **A obra deve ser concluída ainda este mês,** *se não surgir nenhum imprevisto*. (*a menos que . . .*)
(h) **O governo autorizou a entrada dos refugiados,** *mas teriam que deixar o país assim que a situação se normalizasse*. (*contanto que . . .*)

51

Expressing contrast or opposition

⇨ See also MBPG 26 Conjunctions
      MBPG 20.3 The present or imperfect subjunctive in subordinate clauses

1 ⋆

Rephrase the following sentences using the conjunction **embora**.

(a) **Mesmo durando três horas, o filme não chega a ser cansativo.**
(b) **Mesmo não sendo um aluno brilhante, o Marcos sempre tirava boas notas.**
(c) **Há uns bons momentos na peça, mas, em geral, o roteiro é fraco.**
(d) **Ela tinha liderado as pesquisas. Porém, não ganhou a eleição.**
(e) **O país está bem economicamente. Mesmo assim, o governo quer acelerar o crescimento.**
(f) **O cantor lançou seu último disco há mais de dez anos, mas continua fazendo shows pelo Brasil afora.**
(g) **Apesar de termos as nossas dúvidas, decidimos confiar no vendedor.**
(h) **A proteção da floresta amazônica encabeça a lista de prioridades ecológicas. Não obstante, as queimadas continuam a cada ano.**

2 ⋆

Complete the following sentences as prompted using **apesar de** or **apesar de que**.

(a) **Chegamos no aeroporto a tempo** (*despite the heavy traffic*).
(b) (*Despite having only ten players*), **o nosso time ganhou o jogo.**
(c) **Eu gostei de Londres** (*despite the fact that it rained the whole time*).
(d) (*Despite the lecture lasting three hours*), **achei o conteúdo extremamente interessante.**
(e) (*In spite of everything*), **não me arrependo de ter saído da empresa.**
(f) (*Despite knowing Spanish*), **eles não entendem o português falado.**
(g) (*Despite being thin*), **o André tem muita força.**
(h) **Ela conseguiu sair do carro,** (*despite being seriously injured*).

3 ⋆

Choose a suitable sentence (1–6) to complete the following replies (a–f).

(a) **A: Ele fala português? B: Fala sim, só que . . .**
(b) **A: Você gosta de vinho branco? B: Eu gosto, se bem que . . .**
(c) **A: Você gostou do filme? B: Gostei, só que . . .**
(d) **A: O português é muito parecido com o espanhol, não é? B: É, se bem que . . .**
(e) **A: Você viu esse voo para Nova York por $500,00? B: Vi, só que . . .**
(f) **A: Foi uma falta de consideração ele atrasar tanto. B: Foi, se bem que . . .**

DOI: 10.4324/9781003278627-53

    1   ... existem umas diferenças importantes.
    2   ... achei um pouco longo demais.
    3   ... erra muito.
    4   ... ele pediu desculpas depois.
    5   ... prefiro tinto.
    6   ... é com uma escala de 14 horas em Caracas.

4 ★★ Choose an appropriate expression from the box to complete each sentence.

ao contrário do que	por outro lado	enquanto	já	caso contrário	pelo contrário	em compensação	mesmo assim

(a) Não é que eu não goste dela. ____, sempre gostei muito dela.
(b) Tenho quase certeza que desliguei o forno. ____, é melhor verificar.
(c) Temos que sair já, ____, não vamos chegar a tempo.
(d) Ela não fala inglês. ____, ela fala francês muito bem.
(e) Não quero gastar muito numa impressora. ____, não quero comprar uma barata que quebre em seguida.
(f) Meu marido bebe cerveja, ____ eu prefiro vinho.
(g) ____ muitas pessoas dizem, o Brasil não é um país pobre.
(h) No Rio, é raro ter que se agasalhar contra o frio. ____ em São Paulo, é mais comum.

52
Expressing capability and incapability

⇨ See also MBPG 24.2 Modal constructions

1 ★

Choose the appropriate verb in the following sentences.

(a) **O Rafael _____ (*pode/sabe*) falar japonês.**
(b) **Não _____ (*posso/sei*) esquecer o que ele fez comigo.**
(c) **A sua mãe _____ (*pode/sabe*) dirigir?**
(d) **Vocês _____ (*podem/sabem*) chegar na minha casa ou querem que eu explique?**
(e) **Temos muito trabalho no momento, então não vamos _____ (*poder/saber*) consertar o carro hoje.**
(f) **Você _____ (*pode/sabe*) esquiar?**
(g) **Hoje em dia, meu avô não _____ (*pode/sabe*) andar muito sem se cansar.**
(h) **Se você subir numa cadeira, você vai _____ (*poder/saber*) alcançar a última prateleira.**

2 ★★

Explain the difference in meaning between the following pairs of sentences.

(a) **Infelizmente, não sei te dizer quanto dinheiro foi gasto. Infelizmente, não posso te dizer quanto dinheiro foi gasto.**
(b) **Depois da cirurgia, ele não podia levantar da cama. Depois da cirurgia, ele não conseguia levantar da cama.**
(c) **Ele pode baixar o material da internet. Ele sabe baixar o material da internet.**
(d) **Não posso estacionar o carro ali. Não consigo estacionar o carro ali.**
(e) **Você pode colocar essa mala no carro? Você consegue colocar essa mala no carro?**
(f) **A empresa não sabe informar o endereço dela. A empresa não pode informar o endereço dela.**
(g) **Não lembro o nome daquele ator. Não consigo lembrar o nome daquele ator.**
(h) **Você sabe trocar a roda do carro? Você consegue trocar a roda do carro?**

3 ★★

Translate the following sentences using **dar para**.

(a) Can you understand when I speak Portuguese?
(b) We can't get everything into the car.
(c) We were finally able to talk alone. (*alone = a sós*)
(d) I won't be able to finish the job by Friday.
(e) Before they built those buildings, you could see the sea from here.
(f) Explain to me in English if you can.

DOI: 10.4324/9781003278627-54

Expressing capability and incapability

4 Translate the following sentences *without* using **poder**.

(a) Can you lift 100 kg?
(b) What did you say? I can't hear you.
(c) I can't feel my arm.
(d) Can you see that white building over there?
(e) Can you smell gas? (*smell = **sentir um cheiro de***)
(f) I hope we can get the door open.
(g) He can't find his keys.
(h) Unfortunately, she couldn't swim.

53
Seeking and giving permission

⇨ **See also MBPG 24.2 Modal constructions**

1 ★ Match the appropriate phrase (1–8) to each situation (a–h).

(a) You are about to sit down at the invitation of your host.
(b) You want to know if you can sit in that seat.
(c) You ask politely if you can check your emails.
(d) You want to be allowed to finish what you were saying.
(e) You want to know if it's OK to park there.
(f) You want the other person to speak more slowly.
(g) You'd like to speak to your doctor on the phone.
(h) You want the taxi driver to wait a moment.

    1   **Deixa eu terminar de falar.**
    2   **Poderia falar com o Doutor Eduardo, por favor?**
    3   **Pode estacionar aqui?**
    4   **Só um momento, por favor.**
    5   **Dá licença.**
    6   **Posso sentar aqui?**
    7   **Dá para você falar um pouco mais devagar?**
    8   **Você se importa se eu olhar meus e-mails?**

2 ★★ How would you say the following in Portuguese?

(a) Will you excuse me for a moment?
(b) Do you mind if I use the phone?
(c) Let me see.
(d) I would be grateful if you would send me further information.
(e) May I speak to Bruno, please?
(f) Is it all right to leave the window open?

3 ★ How would you answer the following requests? Use the prompts in brackets.

(a) **Posso pegar mais um pedaço de bolo?** (*Please do!*)
(b) **Você se incomoda se eu fumar?** (*I'd rather you didn't.*)
(c) **Posso deixar a minha bolsa aqui?** (*No, you can't.*)
(d) **Posso ver televisão?** (*Of course, feel free.*)
(e) **Com licença.** (*Of course.*)
(f) **Deixe eu entrar na sua casa um momento.** (*Certainly not.*)

DOI: 10.4324/9781003278627-55

(g) **Dá para me emprestar um dinheiro?** (*I'm sorry, but I can't.*)
(h) **Você se importa se eu deixar minha moto aqui?** (*No, that's fine.*)
(i) **Posso pegar outra cerveja na geladeira?** (*Of course, don't stand on ceremony.*)
(j) **Pode fumar aqui?** (*I'm sorry, sir, smoking is not allowed inside the restaurant.*)

54
Asking and giving opinions

⇨ **See also MBPG 20.3 The present or imperfect subjunctive in subordinate clauses**

1 ⋆ How would you ask the following questions in Portuguese using the verb **achar**?

(a) Shall we have pizza? What do you *(plural)* think?
(b) Look. What do you think of these shoes with this dress?
(c) What did you think of the party last night?
(d) Do you really *(mesmo)* think that's a good idea?
(e) This is the ring he gave me. What do you think?
(f) Which one do you think he'll like?
(g) What do you think about us selling the car?
(h) What did you think about them getting married?

2 ⋆ Rephrase the following questions using the noun **opinião**.

(a) **O que você pensa sobre a nova lei?**
(b) **O que você acha que o governo deve fazer para resolver esse problema?**
(c) **Como você vê a política econômica do atual governo?**
(d) **Quem você acha que vai ganhar a próxima eleição?**

3 ⋆ Express your disagreement with the opinions expressed by negating the following sentences.

> *Example:*
>
> **Acho que o filme retrata a realidade.**
> > *Eu não acho que o filme retrate a realidade.*

(a) **Acho que o português é mais difícil do que o espanhol.**
(b) **Acho que o time jogou bem.**
(c) **Acho que o ensino público está melhorando.**
(d) **Acho que temos boas chances de ganhar.**
(e) **Acho que ela mereceu a promoção.**
(f) **Acho que eles tinham razão de protestar.**

DOI: 10.4324/9781003278627-56

Asking and giving opinions

4 ✦

Rephrase each of the following sentences using the word(s) given in brackets.

> *Example:*
> **Eu acho que o jogador deveria ser penalizado.** *(por)* > *Por mim, o jogador seria penalizado.*

(a) **Eu acho que o réu não deveria ter sido absolvido.** *(por)*

(b) **Ele acha que o Brasil vai ganhar o jogo de 2 a 0.** *(segundo)*

(c) **Eu acho que é tudo mentira.** *(para)*

(d) **Alguns críticos consideram o filme uma obra-prima.** *(opinião)*

(e) **Considero que isso constitui uma invasão de privacidade.** *(meu ver)*

(f) **Os moradores acham que a fábrica deveria ser interditada.** *(depender)*

(g) **Consideramos um direito de cada um manifestar seu descontentamento.** *(para)*

(h) **Eu acho que o chefe de polícia deveria ser exonerado.** *(depender)*

55

Expressing agreement, disagreement and indifference

1 ★ Choose the right expression to agree with the following.

(a) **Eu te ligo mais tarde.** (*Está bom./Exato.*)
(b) **Deveria haver mais policiamento.** (*Tudo bem./É isso aí.*)
(c) **O trânsito está ficando cada vez pior.** (*Pois é./Lógico.*)
(d) **O homem está destruindo o meio ambiente.** (*Sim./É.*)
(e) **O problema é que os professores ganham pouco.** (*Exato./Tá.*)
(f) **Mas nem os políticos sabem o que fazer.** (*Aí é que está./Tudo bem.*)
(g) **Você vai querer ir à praia com a gente?** (*Pois é./Claro.*)
(h) **Vamos de táxi.** (*Sem dúvida./Por mim, tudo bem.*)

2 ★ Choose the appropriate expression from the box to disagree as prompted.

não é verdade	de jeito nenhum	como assim?	que bobagem!
você acha?	não concordo com isso	você está errado	imagina!

(a) **Foi tudo culpa do Breno.** (*Do you think so?*)
(b) **Esse bolo que você fez é o melhor que eu já comi na minha vida.** (*Come off it!*)
(c) **É porque você não gosta de mim.** (*That's not true.*)
(d) **Não devemos negociar com terroristas.** (*I don't agree with that.*)
(e) **Você é a favor da pena de morte?** (*Certainly not.*)
(f) **A capital da Romênia é Budapeste.** (*You are wrong.*)
(g) **Você sabia que a CIA capturou um alienígena?** (*What rubbish!*)
(h) **Você estragou tudo!** (*What do you mean?*)

3 ★★ Translate the following sentences into Portuguese.

(a) You should have called. – You're quite right.
(b) I didn't bring my passport. – It doesn't matter.
(c) Do you prefer pizza or Japanese food? – I don't mind.
(d) Can I leave my bike here? – It's fine by me.
(e) I couldn't care less about their problems.
(f) Let me explain. – I don't care.
(g) Shall we go by taxi and come back by bus, or go by bus and come back by taxi? – It comes to the same thing.
(h) I've finished the exercise. – So what?

DOI: 10.4324/9781003278627-57

56

Expressing desires and preferences

⇨ See also MBPG 24.2 Modal constructions
        MBPG 20.3 The present or imperfect subjunctive in subordinate clauses

1 ⋆ Cauã and Luana are deciding what to do for dinner. Complete the sentences using the verbs **querer** or **preferir**, or the expressions **estar com vontade de** "to feel like" or **estar a fim de** "to be in the mood to/for."

Cauã: **O que é que você (1) _____ (*want to*) comer hoje à noite?**
Luana: **Ah, sei lá, eu (2) _____ (*feel like*) jantar fora hoje.**
Cauã: **Então, vamos sair. Que tipo de comida você (3) _____ (*prefer*)?**
Luana: **Eu (4) _____ (*would like to*) comer uma coisa diferente.**
Cauã: **Bom, eu (5) _____ (*feel like*) comer sushi. O que é que você acha?**
Luana: **Hm, (6) _____ (*I'm not in the mood for*) sushi. Se formos ao restaurante japonês, eu (7) _____ (*prefer to*) pedir yakisoba. É, eu (8) _____ (*would like to*) muito comer yakisoba. Faz tempo que eu não como.**
Cauã: **Então vamos ao japonês. Que ótimo! Eu também (9) _____ (*felt like*) sair. (10) _____ (*I'm in the mood to*) ver gente.**

2 ⋆ Choose a verb form from the box to complete each sentence.

dá	estou	sem	deu	fico	com	fico	com	estava	com

(a) **Eu não quero tomar sorvete agora, mas vou falar se eu _____ vontade.**
(b) **Quando vi aquilo, me _____ vontade de chorar.**
(c) **Ontem eu _____ vontade de desistir, mas hoje estou decidido a continuar.**
(d) **Quando faz frio e chove, _____ vontade de ficar na cama, não é?**
(e) **Hoje _____ vontade de trabalhar.**
(f) **Às vezes eu _____ vontade de mudar de profissão.**

DOI: 10.4324/9781003278627-58

3 ★ A number of people were asked to tick which of two possible options they preferred. Look at the results and write sentences using **preferir** and **gostar mais**, as follows.

Example:

João: **café** ☐   **chá** ☑

André: **café** ☑   **chá** ☐

> *O João prefere chá a café, mas o André gosta mais de café.*

(a) Sandra: **novelas** ☑   **documentários** ☐

Ana: **novelas** ☐   **documentários** ☑

(b) Os meninos: **Exatas** ☑   **Humanas** ☐

As meninas: **Exatas** ☐   **Humanas** ☑

(c) Bruno: **correr** ☐   **nadar** ☑

Davi: **correr** ☑   **nadar** ☐

(d) Os pais: **assistir um bom filme** ☑   **jogar videogame** ☐

Os filhos: **assistir um bom filme** ☐   **jogar videogame** ☑

4 ★ Rephrase the sentences below starting with the words shown in brackets.

Example:

Você tem que lavar a louça. (*Eu quero que . . .*)
> *Eu quero que você lave a louça.*

(a) **Seria melhor você falar a verdade.** (*Eu preferiria que . . .*)
(b) **Nós temos que fazer tudo de novo.** (*Eles querem que . . .*)
(c) **Vocês não querem vir para a minha casa?** (*Eu gostaria que . . .*)
(d) **Eu queria ver a tatuagem, mas ele não deixava.** (*Ele não queria que . . .*)
(e) **Acho melhor você me dar um cheque.** (*Eu prefiro que . . .*)
(f) **Se dependesse dos pais dela, ela ia ser médica.** (*Os pais dela queriam que . . .*)
(g) **Vocês precisam saber o quanto gostamos de vocês.** (*Nós queremos que . . .*)
(h) **Você podia me dizer por que fez isso?** (*Eu queria que . . .*)

57
Expressing likes and dislikes

⇨ See also **MBPG 19.2 Uses of the infinitive**
MBPG 20.3 The present or imperfect subjunctive in subordinate clauses

1 ⋆

You and a partner, Tom, conduct a survey of your fellow students to compare their likes and dislikes with your own. Form complete sentences based on the results of the survey.

Example:

Raquel: **chocolate** ❑ Gostar muito ☑ Gostar ❑ Não gostar
> *A Raquel gosta de chocolate.*

(a) Pedro:	**peixe**	❑ Gostar muito	❑ Gostar	☑ Não gostar
(b) Janine:	**esporte**	☑ Gostar muito	❑ Gostar	❑ Não gostar
(c) Luís e Raúl:	**ir ao cinema**	❑ Gostar muito	☑ Gostar	❑ Não gostar
(d) Eu:	**música**	☑ Gostar muito	❑ Gostar	❑ Não gostar
(e) Eu e Tom:	**jogar tênis**	❑ Gostar muito	☑ Gostar	❑ Não gostar
(f) Rita:	**assistir futebol**	❑ Gostar muito	❑ Gostar	☑ Não gostar

2 ⋆

Using the verb **gostar**, what would you say in the following situations?

(a) You take a mouthful of wine and it tastes horrible.
(b) You just noticed your friend has a new hairstyle and it looks good.
(c) Your friend has brought you to a bar you've never been to before. After sitting down, you look around and really like the place.
(d) You are trying on a T-shirt in a shop. You ask if your friend likes it.
(e) Your Brazilian friend just used the word "borocoxô." You've never heard it before but you like the sound of the word.
(f) You have just served some homemade cake to your guests. They seem to like it, but you're not sure.

3 ⋆

In another section of the survey described in Exercise 1, participants were asked to rate their likes and dislikes on a scale from 1 to 6, as follows: (1) **detestar** (2) **odiar** (3) **não gostar** (4) **gostar** (5) **gostar muito** (6) **adorar.** Form complete sentences based on the results.

Example:

Raquel: **filmes de terror** (4)
> *A Raquel gosta de filmes de terror.*

DOI: 10.4324/9781003278627-59

(a) Rita: **fazer compras** (6)
(b) Luís e Raúl: **música romântica** (2)
(c) eu e Tom: **pegar onda** (6)
(d) eu: **pessoas que mentem** (1)
(e) Pedro: **futebol** (4)
(f) Janine: **levantar cedo** (2)
(g) Pedro e Rita: **animais** (6)
(h) eu: **arrumar meu quarto** (1)

4 ☆ Rephrase the following sentences starting with the words given in brackets.

Example:
É bom a família se reunir. (*Eu gosto que . . .*)
> *Eu gosto que a família se reúna.*

(a) **É maravilhoso vocês estarem aqui no meu aniversário.** (*Adoro que . . .*)
(b) **Ela não gostava nada quando as pessoas a chamavam de "senhora."** (*Ela odiava que . . .*)
(c) **Meus pais ficam bravos se eu sair durante a semana.** (*Meus pais não gostam que . . .*)
(d) **Acho muito inconveniente você trazer os seus amigos para a minha casa.** (*Detesto que . . .*)
(e) **Ele fica contente quando damos atenção a ele.** (*Ele gosta que . . .*)
(f) **Quando os estrangeiros falam mal do Brasil, os brasileiros ficam muito irritados.** (*Os brasileiros odeiam que . . .*)

5 ☆ How would you say the following in Portuguese?

(a) I can't stand Paulo. He's unbearable.
(b) This sauce is delicious.
(c) It's lovely to walk on the beach early in the morning.
(d) What do you think of my hat? – I love it!
(e) Urgh, I don't like this beer – it's horrible.
(f) Why did you buy that watch? It's horrible!
(g) Do you like this colour? – I hate it!
(h) The little boy loves his mother to pick him up. (*to pick up = pegar no colo*)

58
Expressing surprise

1 ★ Choose a suitable response for each statement from the box using the prompt in brackets.

> **Que bom! Que coisa! Meu Deus do céu! Jura?**
> **Que horror! Mentira! Nossa! Não acredito!**

(a) **Eu ganhei uma viagem para Paris!** *(You're kidding!)*
(b) **A família toda morreu no acidente.** *(How awful!)*
(c) **Eles têm quatro carros!** *(Gosh!)*
(d) **Meu pai passou mal ontem e foi internado.** *(What a thing to happen!)*
(e) **Eu ganhei uma promoção!** *(That's great!)*
(f) **A** Internet caiu de novo. (*I don't believe it!*)
(g) **O rio pode transbordar a qualquer momento.** *(My God!)*
(h) **Nós vamos passar um ano no Brasil.** *(Really?)*

2 ★ Rephrase the following sentences using a personal infinitive construction as shown in the example.

Example:

> **O José não ligou? Que estranho!**
> *> É estranho o José não ter ligado.*

(a) **Eles não falaram nada? Que estranho!**
(b) **Ninguém se feriu? Que incrível!**
(c) **O namoro dos dois acabou? Não me surpreende!**
(d) **Nós não vimos nada. É estranho!**
(e) **Os professores reivindicam reajuste salarial. Não admira!**
(f) **As múmias estão tão bem conservadas. É incrível!**
(g) **O Pedro não chegou ainda. Estou estranhando isso!**
(h) **A população está insatisfeita com os governantes. Não surpreende.**

3 ★ Now rephrase the sentences in Exercise 2 using a **que** clause as shown in the example.

Example:

> **O José não ligou? Que estranho!**
> *> É estranho que o José não tenha ligado.*

DOI: 10.4324/9781003278627-60

59
Expressing satisfaction and dissatisfaction

1 ★ Choose a suitable response for each statement from the box using the prompt in brackets.

Está bom	Gostei	Isso	Perfeito!	Valeu!	Beleza!	Não, chega	Acho ótimo

(a) **E a senhora é Linda Marshall?** (*That's right.*)
(b) **Vamos entregar o aparelho na sua casa ainda hoje.** (*Great!*)
(c) **O conserto vai levar mais ou menos uma hora.** (*That's fine.*)
(d) **Comprei cinco quilos de carne. Será que dá?** (*I think that's fine.*)
(e) **O que é que você achou dessa cor?** (*I like it.*)
(f) **Coloquei sua mala no carro, tá?** (*Cheers.*)
(g) **Tem mais cerveja na geladeira. Quer?** (*No, I've had enough.*)
(h) **O táxi vai estar aí às 7h00.** (*Perfect.*)

2 ★★ You are having dinner at a restaurant in Brazil, but unfortunately the evening rapidly turns into a disaster. Complete the dialogue as indicated.

Waiter: **Bom apetite, senhor.**
You: (1 *Say that this is not what you ordered. You ordered soup.*)
Waiter: **Desculpe, senhor. Vou trocar. Só um minutinho.** [*You wait a long time and eventually the waiter comes back with the soup.*]
Waiter: **Desculpe a demora, senhor. A sua sopa.** [*You take a mouthful of the soup.*]
You: (2 *Say "Excuse me!" and call the waiter back.*) [*After a few minutes, the waiter comes over again.*]
Waiter: **Pois não, senhor?**
You: (3 *Say that the soup is cold and it tastes horrible. 4 Say that you are not at all satisfied and you want to speak to the manager.*)
Waiter: **Desculpe, senhor. É que estamos com um problema na cozinha e . . .**
You: (5 *Say you don't care and tell him to call the manager.*)
Waiter: **Sim, senhor.** [*A few minutes later the manager arrives at your table.*]
You: (6 *Say the waiter brought the wrong dish, you asked him to change it and then had to wait ten minutes. 7 When the soup came, it was cold and tasted horrible. 8 Tell him this is unacceptable. 9 Say the service (**atendimento**) leaves a lot to be desired and you are very disappointed.*)
Manager: **Sinto muito, senhor. O senhor aceita outro prato, por conta da casa?**
You: (10 *Say no, that you are leaving and prefer to eat elsewhere.*)

DOI: 10.4324/9781003278627-61

3 ★　Match each question (a–h) with the appropriate answer (1–8).

(a)　Você está pálida. Está tudo bem?
(b)　Que tal o sorvete de nozes?
(c)　Ficou satisfeito com o atendimento que recebeu?
(d)　Foi isso que a senhora pediu?
(e)　O que você achou do hotel?
(f)　Tudo bem aí?
(g)　Coloquei o ar-condicionado no máximo. Está bom assim?
(h)　Agora perdi o meu emprego. Era isso que você queria?

1　Não achei lá essas coisas.
2　Tudo ótimo.
3　Está uma delícia.
4　Está ótimo, obrigado.
5　Claro que não.
6　Mais ou menos. Achei meio demorado.
7　Não estou me sentindo muito bem.
8　Não, queria uma coca.

60
Expressing hope

⇨ See also MBPG 19.2 Uses of the infinitive
       MBPG 20.3 The present or imperfect subjunctive in subordinate clauses
       MBPG 20.6 The subjunctive in main clauses

1 ★

Choose the correct verb form to complete each sentence.

(a) **Preciso muito falar com o Daniel. Tomara que ele _____ (*está/esteja*) em casa.**
(b) **A Gabriela espera _____ (*conseguir/consiga/consegue*) uma vaga na Faculdade de Medicina.**
(c) **Espero que você _____ (*voltar/volta/volte*) logo.**
(d) **Tomara que não _____ (*descubram/descobrem*) que fui eu.**
(e) **Esperamos que tudo _____ (*corre/corra/correr*) bem.**
(f) **Espero _____ (*posso/possa/poder*) ir ao Brasil ano que vem.**
(g) **Eles esperam não _____ (*sejam/ser/são*) despejados do apartamento.**
(h) **Espero que não _____ (*chover/chove/chova*) hoje.**

2 ★★★

The following sentences are written in informal Portuguese. Rephrase them to sound more formal.

(a) **Esperamos que eles conseguiram se salvar.**
(b) **Espero que você aproveitou a sua estadia aqui.**
(c) **Tomara que chegaram bem.**
(d) **Tomara que não houve nenhum problema.**

3 ★

Carlos is a real pessimist and thinks of every possible inconvenience on your planned trip together to Manaus, the capital of the Amazon region. Choose the appropriate verb from the box and put it in the correct form to complete each sentence.

perder	ter	atrasar	ser	balançar	divertir	estar	dar

(a) **Espero que o voo não _____.**
(b) **Tomara que o avião não _____ muito.**
(c) **Espero que nos _____ comida no avião.**
(d) **Tomara que não _____ a nossa bagagem.**
(e) **Espero que não _____ fazendo um calor insuportável em Manaus.**
(f) **Tomara que não _____ muito mosquito lá.**
(g) **Espero que o hotel _____ perto do rio.**
(h) **Tomara que a gente se _____ na viagem.**

DOI: 10.4324/9781003278627-62

Expressing hope

4 ⋆⋆ After the trip to Manaus mentioned in Exercise 3, Carlos regales you with a catalogue of the things he found disappointing about the experience. How does he phrase his comments? The first sentence has been done for you.

(a) **O voo foi muito caro.** > *Eu esperava que o voo fosse menos caro.*
(b) **Não nos deram comida no avião.**
(c) **O hotel não ficava perto do rio.**
(d) **Não fazia menos calor à noite.**
(e) **Nós não vimos nenhum jacaré.**
(f) **O rio não estava muito alto.**
(g) **Você não levou repelente contra mosquito.**
(h) **A gente não se divertiu muito.**

5 ⋆ Give an appropriate response to each sentence using the prompt in brackets.

(a) **Será que chegaram bem em casa?** *(I hope so.)*
(b) **Parece que o avião vai sair no horário.** *(Let's hope so.)*
(c) **Será que o carro deles enguiçou?** *(I hope not.)*
(d) **Se chover muito, vão fechar o aeroporto.** *(Let's hope not.)*

61
Expressing sympathy

⇨ See also MBPG 19.2 Uses of the infinitive
        MBPG 19.3 Impersonal vs. personal infinitive
        MBPG 20.3 The present or imperfect subjunctive in subordinate clauses

1 ⋆ Choose the appropriate response to each of the following pieces of news.

(a) **Uma mulher foi baleada durante um assalto a um ônibus. Que horror! Sinto muito.**
(b) **O voo foi cancelado, mas a companhia aérea nos hospedou num hotel e embarcamos no dia seguinte. Que pena! Menos mal!**
(c) **Minha avó faleceu ontem. É lamentável. Meus sentimentos.**
(d) **O show foi cancelado. Que pena! Que tristeza!**
(e) **O filhinho dela levou um tombo e machucou o braço. Meus pêsames. Coitadinho!**
(f) **Passei para a Universidade Federal! Que maravilha! Sinto muito.**
(g) **Muitas dessas crianças foram abandonadas pela mãe. Coitada! Que tristeza!**
(h) **Analisamos as radiografias e não há nenhuma fratura. Que alívio! É uma pena.**

2 ⋆ Reply to the following sentences using the word **coitado**.

Example:

O Pedro quebrou a perna. > *Coitado do Pedro!*

(a) **A Susana foi assaltada.**
(b) **As crianças passam fome.**
(c) **Ele está muito deprimido.**
(d) **Os meus pais não sabem o que fazer.**
(e) **Eu levei um tombo e machuquei o joelho.**
(f) **Você foi escolhido para limpar o banheiro.**

3 ⋆ Respond to the news below using the words shown in brackets and an infinitive construction.

Example:

O João não vem. (*É uma pena . . .*) > *É uma pena o João não vir.*

(a) **Eu estou doente.** (*Sinto muito . . .*)
(b) **Nós não ganhamos.** (*Que pena . . .*)
(c) **Os meus pais não podem vir.** (*Sinto muito . . .*)
(d) **A encomenda não chegou.** (*Lamentamos . . .*)

DOI: 10.4324/9781003278627-63

(e) Nós perdemos a nossa casa. (*Sinto muito . . .*)
(f) O teatro fechou. (*É uma pena . . .*)
(g) O show foi cancelado. (*Que pena . . .*)
(h) Vão cortar aquelas árvores lindas. (*É uma pena . . .*)

4 ⋆ Rephrase the sentences below using the more formal-sounding **que** construction.

Example:

Sinto muito você pensar assim. > *Sinto muito que você pense assim.*

(a) Que pena eles não poderem vir!
(b) Sinto muito você não gostar de mim.
(c) Lamentamos o senhor não estar inteiramente satisfeito.
(d) É uma pena nós não termos condições de ir.
(e) Acho uma pena ele não querer se abrir com os amigos.
(f) Sinto muito vocês se considerarem injustiçados.
(g) É uma pena o desentendimento ter chegado a esse ponto.
(h) Lamento muito o Congresso ter rejeitado a proposta.

5 ⋆ Respond to the sentences below using **sentir muito por** as shown.

Example:

Meu avô faleceu ontem. > *Sinto muito pela morte do seu avô.*

(a) Eu sofri um acidente semana passada.
(b) O que aconteceu comigo foi horrível.
(c) Perdi o emprego ontem.
(d) Temos sofrido muito.
(e) Nós tivemos que aguentar tanto.
(f) O nosso filho está doente.

62
Apologizing and expressing forgiveness

⇨ See also MBPG 19.2 Uses of the infinitive
  MBPG 19.3 Impersonal vs. personal infinitive

1 ★ Choose the appropriate response to each of the following sentences.

(a) **Estou aguardando na linha há dez minutos já. Desculpe a demora, senhor. Foi mal.**
(b) **Então você não pode me ajudar? Foi sem querer. Sinto muito.**
(c) **Você foi mexer nas minhas coisas? Não fiz por mal. Desculpa qualquer coisa.**
(d) **Você quebrou meu celular! Não me leve a mal. Foi sem querer.**
(e) **Era para você estar aqui há duas horas atrás! Desculpa o atraso. Não foi por mal.**
(f) **Quebrei um dos seus copos. Me desculpa, tá? Não faz mal. Foi mal.**
(g) **Desculpa qualquer coisa. Não foi nada. Imagina!**
(h) **Você está me chamando de gorda? Não me leve a mal. Tudo bem.**

2 ★ ★ Rephrase the following sentences as shown using an infinitive construction.

> *Example*:
>
> **Eu te acordei. Desculpa.** > *Desculpa eu ter te acordado.*

(a) **Eu te magoei. Desculpa.**
(b) **Vou interromper você. Desculpe.**
(c) **Não posso ir ao seu casamento. Sinto muito.**
(d) **Nós não avisamos antes. Desculpe.**
(e) **Não ajudei você quando você precisava. Sinto muito.**
(f) **Estou tomando o tempo de vocês. Desculpem.**
(g) **Não te liguei antes. Desculpa.**
(h) **A casa não está arrumada. Desculpem.**

3 ★ ★ Give suitable apologies for the following situations using **desculpar**. The first one has been done for you.

(a) *You didn't call your friend before because you were very busy.* ***Desculpa eu não ter te ligado antes, mas eu estava muito ocupado/a.***
(b) *You didn't bring your friend's book because you left it at home.*
(c) *You ask your friend for money because you came out without your wallet.*

DOI: 10.4324/9781003278627-64

Apologizing and expressing forgiveness

(d) *You apologize to your teacher for not coming to the last lesson because you were ill.*

(e) *You broke your friend's glasses, but you didn't mean to.*

(f) *You have to bother the elderly lady sitting next to you because you are going to get off at the next stop (**parada**).*

(g) *You tell your friend that you are sorry to say it, but he is annoying (**chato**) at times.*

(h) *You apologize to your friends for not being more talkative (**falante**) because you are very tired.*

63
Expressing fear or worry

⇨ **See also MBPG 20.3 The present or imperfect subjunctive in subordinate clauses**

1 ⋆ Choose the appropriate verb or verb phrase from the box and put it into the correct form to complete each sentence. Each verb is used twice.

| dar | estar com | ficar com | ter |

(a) **Eu não quero fazer um passeio de helicóptero. _____ medo de altura.**
(b) **Esse tipo de estatística _____ medo.**
(c) **Na hora que vimos a viatura da polícia, _____ medo.**
(d) **Eu _____ medo no início, mas depois fiquei tranquilo.**
(e) **Eu ia pular de paraquedas, mas, na hora, me _____ medo.**
(f) **Quando o avião acelera para decolar, minha mãe _____ medo.**
(j) **Muitos idosos _____ medo das novas tecnologias.**
(h) **Dava para ver na cara deles que _____ medo.**

2 ⋆ Rephrase the following sentences using an infinitive construction as shown.

> *Example*:
>
> **Posso perder meu emprego. Estou com medo.**
> > *Estou com medo de perder meu emprego.*

(a) **Eu não queria tocar na cobra. Estava com medo.**
(b) **O Marcelo não gosta de andar de montanha-russa. Tem medo.**
(c) **Você pode se machucar. Estou com medo.**
(d) **As bolsas mundiais podem despencar. Os investidores estão com medo.**
(e) **Ela acha que os filhos podem andar com más companhias. Ela tem medo.**
(f) **Eles podem ter sofrido um acidente. Estou com medo.**

3 ⋆ Rephrase sentences (c)–(f) from Exercise 2 using a **que** construction instead of an infinitive.

4 ⋆ How would you say the following in Portuguese?

(a) Our dog was frightened by the fireworks (*fogos*).
(b) What I'm afraid of is that she'll hurt herself.
(c) It's frightening to walk through the forest at night.
(d) She's terrified of snakes.
(e) He was scared stiff.
(f) We got such a fright when the phone rang in the middle of the night.
(g) Don't worry. We still have time.
(h) You made me jump!

DOI: 10.4324/9781003278627-65

64

Expressing gratitude

⇨ **also MBPG 19.2 Uses of the infinitive**
     MBPG 19.3 Impersonal vs. personal infinitive

1 ⋆ Use **obrigado/a** to translate the following sentences.

(a) Thank you very much indeed for the flowers.
(b) Thanks for your postcard.
(c) Thank you to everyone for being here today.
(d) Thank you very much for inviting us.
(e) Thanks for your concern *(preocupação)*.
(f) Thank you for being so understanding *(compreensivo)*.
(g) Thank you all very much for coming.
(h) Thank you too.

2 ⋆⋆ Translate the following sentences using the verb **agradecer**.

(a) I appreciate you both coming.
(b) I forgot to thank you for the birthday present.
(c) I'd like to thank you all for giving me this award *(prêmio)*.
(d) I would be grateful if you would send me a catalogue.
(e) It's me who should be thanking you.
(f) I thank you from the bottom of my heart.
(g) I just rang to say thank you for the great evening yesterday.
(h) I am very grateful to you both.

3 ⋆ Choose an appropriate reply from the box using the prompt in brackets.

Imagina!   **Não precisa agradecer.**   **Nada.**   **Obrigado eu.**   **De nada.**   **Eu que agradeço.**

(a) **Agora entendi. Obrigado.** (*OK.*)
(b) **Obrigado por sempre estar do meu lado.** (*There's no need to thank me.*)
(c) **Obrigada pela visita.** (*I should be thanking you.*)
(d) **Obrigada pela preocupação.** (*Don't be silly.*)
(e) **Obrigado pela informação.** (*You're welcome.*)
(f) **Obrigado pela companhia.** (*Thank you.*)

DOI: 10.4324/9781003278627-66

65

Giving advice and making suggestions

⇨ See also **MBPG 20.5 The subjunctive in conditional clauses**
MBPG 24.2 Modal constructions

1 ★ Your Brazilian friends are always asking for your advice. Answer them by constructing sentences starting with the words given in brackets. The sign + indicates that you should recommend the suggested course of action, the sign – that you should advise against it.

Examples:

Júlia: **Será que eu volto a estudar? (Se fosse você +)** > *Se fosse você, eu ia voltar a estudar*.

Edson: **Estou pensando em comprar um carro. (No seu lugar –)** > *No seu lugar, eu não ia comprar um carro*.

(a) Laura: **O que é que eu faço? Ligo para ele?** (*Se fosse você +*)
(b) Danilo: **Você acha que eu peço dinheiro ao meu pai?** (*Se eu fosse você –*)
(c) Cristina: **Você acha que eu deveria largar o meu emprego?** (*Se eu estivesse no seu lugar –*)
(d) Bruno: **Não sei se eu conto a verdade para a minha namorada.** (*No seu lugar +*)
(e) Sônia: **Não sei se é bom fazer uma dívida.** (*Se fosse você –*)
(f) Zé: **Você acha que eu deveria ir à polícia?** (*Se eu estivesse no seu lugar –*)
(g) Rita: **Será que eu compro um computador novo?** (*Eu, se fosse você +*)
(h) Cássio: **Estou pensando em ir para Londres aprender inglês.** (*No seu lugar +*)

2 ★ Your friend Cássio is planning to go to London to learn English. He asks for your advice and you give him a number of tips. Choose the appropriate verb from the box and put it into the correct form to complete each sentence.

ficar visitar fazer matricular-se procurar comprar ir levar

(a) **Por que você não _____ uma escola de inglês na Internet?**
(b) **Se fosse você, eu _____ num curso antes de chegar na Inglaterra.**
(c) **Você podia _____ na casa do meu primo.**
(d) **Quando você estiver lá, você tem que _____ a Torre de Londres.**
(e) **É melhor _____ roupa de inverno.**
(f) **Você deve _____ um seguro-saúde.**

DOI: 10.4324/9781003278627-67

(g) **Sugiro que você** _____ **um bom guia de Londres.**

(h) **E se você** _____ **a Cambridge em vez de Londres?**

3 ★ All the friends mentioned in Exercise 1 have gathered at Cássio's apartment in preparation for a night out. But the group is having trouble deciding what to do and each person suggests something different. Reconstruct their suggestions using the prompts.

Example:

Júlia: **fazer comida (Vamos . . .?)** > _Vamos fazer comida?_

(a) Laura: **pegar um cineminha** (_Vamos . . .?_)

(b) Danilo: **ir a algum bar** (_Que tal nós . . .?_)

(c) Cristina: **ver uma série na TV** (_A gente devia . . ._)

(d) Bruno: **sair para jantar** (_Por que é que não . . .?_)

(e) Sônia: **pedir uma pizza** (_A gente podia . . ._)

(f) Zé: **voltar àquela boate onde a gente foi semana passada** (_E se a gente . . .?_)

(g) Rita: **ficar aqui conversando** (_O que é que vocês acham da gente . . .?_)

(h) Cássio: **decidir logo** (_É melhor nós . . ._)

4 ★★ How would you say the following in Portuguese?

(a) What do you suggest I do?

(b) Let's meet at two.

(c) Take a few days off and relax. (_day off = **dia de folga**_)

(d) I advise you to always wear your seatbelts.

(e) What would you do if it was you?

(f) We'd best call the police.

(g) Why don't you rent a car?

(h) What if we sold the house and went to live in Bahia?

66
Making requests

1 ★ Formulate a request in response to each situation, choosing an appropriate phrase from the box and putting the verb into the correct form. The first one has been done for you.

> **trazer um copo d'água**   **pegar aquela vasilha**   **dar o seu e-mail**
> **abrir a janela**   **traduzir para mim**   **emprestar R$10,00**
> **passar o sal**   **ligar a televisão**

(a) **Estou com sede.** *Você me traz um copo d'água?*
(b) **Está muito abafado aqui dentro.**
(c) **Essa sopa está insossa.**
(d) **Quero ver aquele documentário.**
(e) **Não alcanço a última prateleira.**
(f) **Estou sem dinheiro na carteira.**
(g) **Quero mandar as fotos para você.**
(h) **Não entendo o que eles estão falando.**

2 ★ Now rephrase the requests from Exercise 1 using the verb **poder**.

Example:

Estou com sede. > *Você pode me trazer um copo d'água?*

3 ★ Form the following into polite requests, using the verb form **Poderia . . .?**

(a) Put me through to the sales department.
(b) Tell me what time it is please.
(c) Help me to put my suitcase in the car.
(d) Call a taxi for me, please.
(e) Drop me off at the corner.
(f) Repeat your name please.
(g) Wait a moment.
(h) Call back later.

4 ★ ★ Form polite requests using the expression **Você se importa de . . .?** based on the situations described. You may need to use **vocês** or **o senhor/a senhora** instead of **você** in some cases.

DOI: 10.4324/9781003278627-68

Making requests

(a) You ask a person more or less the same age as you to hold your umbrella for a moment.
(b) You ask an elderly man to swap places with you on the plane.
(c) *You ask a female customer to fill in a small questionnaire (**questionário**).*
(d) You ask your friend if he minds sleeping on the floor.
(e) You've just cleaned the floor and your friend arrives at the door with wet shoes. Ask her to take them off.
(f) You've just managed to get your enormous suitcase into the lift when a couple appears who wants to use the lift too. You ask them if they'd mind waiting for you to go up first.
(g) You ask your teacher to give you his email.
(h) *You ask the family next to you on the beach to watch (**olhar**) your things while you go for a swim (**dar um mergulho**).*

67

Giving directions, instructions and orders

⇨ See also MBPG 21 The imperative

1 ⋆ A Brazilian friend of yours is driving you back to the apartment where you are staying. You've done the journey several times before so you know the way. Give the following directions using the familiar imperative.

(a) continuar reto
(b) no próximo sinal, virar à esquerda
(c) atravessar o túnel
(d) saindo do túnel, pegar a direita
(e) entrar ali onde vai aquele carro branco
(f) seguir o fluxo do trânsito para a direita
(g) diminuir a velocidade
(h) parar na próxima esquina

2 ⋆ You are explaining to a Brazilian friend how to make English pancakes. Choose the appropriate verbs from the box to complete each instruction using the present tense. The first one has been done for you.

colocar   quebrar   fritar   adoçar   derreter   esperar   deixar   despejar
mexer   encher   espremer   virar   misturar   tirar   acrescentar

(a) _____ a farinha numa bacia e _____ os ovos na farinha. *Você coloca a farinha numa bacia e quebra os ovos na farinha.*
(b) _____ o leite e a água aos poucos e _____ bem até a massa ficar homogênea.
(c) _____ um pouco de manteiga numa frigideira e _____ ficar bem quente.
(d) _____ uma concha de massa e _____ na frigideira.
(e) Enquanto isso, _____ a frigideira para a massa se espalhar bem.
(f) _____ a panqueca durante uns 30 segundos e depois _____ com uma espátula.
(g) _____ mais alguns segundos e _____ da frigideira.
(h) _____ suco de limão por cima e _____ a gosto.

DOI: 10.4324/9781003278627-69

3 ★ Your friend thinks it would be a great idea to publish your pancake recipe from Exercise 2 on the Internet and asks you to write it out. Rewrite the recipe using the formal imperative. You will also have to include an object pronoun in some places. Start like this:

Coloque a farinha numa bacia e quebre os ovos na farinha.

4 ★ Your Brazilian hosts are very concerned about you not running into trouble when you're out on your own. They give you a number of instructions for your own safety. Reconstruct their instructions using the expression **Vê se você. . . .** The first one has been done for you.

(a) Don't stay out late. *Vê se você não fica na rua até tarde.*
(b) Take your mobile phone.
(c) Take care when crossing the road.
(d) Don't get lost.
(e) Don't let yourself be fooled. (*to fool = enganar*)
(f) Get a taxi home.

5 ★ What do the following orders mean?

(a) Para!
(b) Me deixa em paz!
(c) Me solta!
(d) Cala a boca!
(e) Tira as mãos de mim!
(f) Sai daqui!
(g) Deixa pra lá.
(h) Vai pro inferno!

68
Making an offer or invitation and accepting or declining

1 ★ Match each offer or invitation (a–h) with the appropriate response (1–8).

(a) **Aceita um café?**
(b) **Eu queria que você jantasse na minha casa.**
(c) **Por que você não dorme aqui?**
(d) **Senta aqui com a gente!**
(e) **Você quer mais bolo?**
(f) **O senhor deseja sentar na janela?**
(g) **Isso fica por minha conta. Você está convidado.**
(h) **Vamos sair para dançar? Quem quer ir?**

    1   **Então tá.**
    2   **Eu topo.**
    3   **Prefiro o corredor.**
    4   **Com muito prazer.**
    5   **Obrigado, é muita gentileza sua.**
    6   **Não quero dar trabalho.**
    7   **Aceito, obrigado.**
    8   **Estou bem, obrigado.**

2 ★ Write a text message to your Brazilian friend Renata inviting her to your birthday celebration. Tell her tomorrow is your birthday and you've invited a few people to celebrate (*comemorar*) at the Sindicato do Chope from 10 o'clock onwards. Say you would really like her to come (*ir*) too. Tell her she can bring (*levar*) some friends if she likes. Tell her to call you.

3 ★ A Brazilian friend, Eduardo, invited you to spend the weekend at his parents' beach house in Búzios. Unfortunately, you've now realized you can't go. Write a text message saying that you would love to go, but you're afraid you won't be able to. You completely forgot that you already have an engagement on Saturday night that you cannot break (*desmarcar*). Tell him you're really sorry and you hope there will be another opportunity for you to visit (*conhecer*) his parents' house.

4 ★ Accept or decline the invitations below according to the prompts given in brackets.

(a) **Por que é que a gente não se encontra no sábado?** (*Say you'd really like to, but you won't be able to because you have to work.*)

DOI: 10.4324/9781003278627-70

(b) **Vamos tomar um chope rapidinho?** (*Say OK then*).

(c) **A galera vai no show daquele cantor sertanejo.** (*Count me out.*)

(d) **Você não quer ir comigo ao concerto da Orquestra Sinfônica Brasileira lá no Teatro Municipal? Tenho dois ingressos.** (*Say you'd be delighted. It's very kind of him/her.*)

(e) **Você vem ao meu aniversário amanhã?** (*Say of course.*)

(f) **Vem aqui em casa. Está todo mundo aqui.** (*Say you'd love to, but you have a prior engagement.*)

69

Talking about the present

⇨ See also MBPG 18.1.1 Present simple
MBPG 18.3.1 Present continuous
MBPG 15.3 Simple tenses: present indicative
MBPG 16 Semi-irregular and irregular verbs

1 ★ Complete the following sentences about Felipe, a Brazilian university student. Select the appropriate verb from the box and put it into the correct form.

estudar   chegar   sair   tomar   dormir   levantar
pegar   malhar   ter   almoçar

(a) **Durante a semana, o Felipe _____ todos os dias às 6h30.**
(b) **Ele sempre _____ café com os pais.**
(c) **Ele _____ carona com o pai dele até a faculdade.**
(d) **Ele geralmente _____ aula na faculdade das 8h00 até meio-dia.**
(e) **Muitas vezes, ele _____ com os colegas da faculdade.**
(f) **Ele _____ em casa a umas 14h30.**
(g) **À tarde ele _____ em casa.**
(h) **Três vezes por semana, ele _____ numa academia perto da casa dele.**
(i) **Ele raramente _____ à noite durante a semana.**
(j) **Ele _____ por volta da meia-noite.**

2 ★ How would Felipe tell someone else about his typical day?

3 ★ As homework for your Portuguese course, you've been asked to interview a Brazilian about his/her daily routine. How do you ask the following questions?

(a) What time do you usually get up? (use *costumar*)
(b) What do you have for breakfast?
(c) What time do you normally leave home? (use *costumar*)
(d) What do you do during the day?
(e) Where do you usually have lunch? (use *costumar*)
(f) What time do you get home in the evening?
(g) What do you usually do in the evening? (use *costumar*)
(h) What time do you go to bed?

DOI: 10.4324/9781003278627-71

Talking about the present

4 Imagine someone asked you the questions in Exercise 3. How would you answer?

5 Put the verbs in brackets into the appropriate tense, either present simple or present continuous, according to the context.

(a) A Patrícia _____ (*morar*) com os pais em Sorocaba, mas este mês ela _____ (*morar*) na casa de uma tia em São Paulo, onde ela _____ (*fazer*) um curso.
(b) Eu _____ (*trabalhar*) como engenheiro numa construtora. No momento eu _____ (*trabalhar*) na construção de um novo condomínio.
(c) "Que tal o seu curso de português?" – "Por enquanto eu _____ (*gostar*)."
(d) Normalmente nós _____ (*vender*) dois ou três carros por semana, mas com essa promoção, _____ (*vender*) muito mais.
(e) O Sérgio _____ (*comer*) muito, se bem que _____ (*comer*) bem menos desde que entrou em dieta.
(f) Até o meu pai, que geralmente não _____ (*assistir*) novela, _____ (*assistir*) a atual, de tão envolvente que é.
(g) A Prefeitura raramente _____ (*fazer*) alguma coisa para esse bairro, mas agora que é época de eleição, _____ (*fazer*) várias obras.
(h) Geralmente _____ (*ventar*) pouco aqui, mas hoje _____ (*ventar*) muito.

6 You are asking your friend, Marina, various questions about her life. How do you ask her how long she has been doing each of the following things, and what would be her reply in each case? The first one has been done for you.

(a) **morar em São Paulo (5 anos)** *Você mora em São Paulo há quanto tempo? Moro em São Paulo há cinco anos.*
(b) **trabalhar como enfermeira (10 anos)**
(c) **ser casada (2 anos)**
(d) **conhecer o seu marido (3 anos)**
(e) **estudar inglês (6 meses)**
(f) **fazer ioga (8 anos)**
(g) **ter computador em casa (4 meses)**
(h) **frequentar bailes de forró (4 anos)**

7 Rephrase the questions and answers from Exercise 6 using the following pattern.

Faz quanto tempo que você mora em São Paulo?
> Faz cinco anos que moro em São Paulo.

8 Rephrase each of the following sentences using **sem** instead of **faz**, or vice versa.

Examples:

Faz dois anos que não compro roupa nova.
> Estou há dois anos sem comprar roupa nova.
Ele está há seis meses sem fumar.
> Faz seis meses que ele não fuma.

(a) **Faz um ano que não vejo o meu primo.**
(b) **Eles estão há oito anos sem pintar a casa.**
(c) **Faz dois meses que não nos falamos.**
(d) **Estou sem comer nada há doze horas.**
(e) **Faz anos que não leio um bom livro.**
(f) **Estamos há séculos sem ir ao cinema.**
(g) **Faz uma semana que não olho os meus e-mails.**
(h) **Você está há um tempão sem fazer nenhum exercício.**

9 ★★ You are writing to a Brazilian friend for the first time in quite a while. How would you say the following using the verb **continuar**?

(a) I'm still living in the same apartment.
(b) I'm still working at the university.
(c) My salary is still low.
(d) The students still like my classes.
(e) I'm still not dating. *(to date = **namorar**)*
(f) I still haven't heard from Ricardo. *(to hear from = **ter notícias de**)*
(g) I still don't have a car.
(h) My life here is still as hectic as ever. *(hectic = **agitado**)*

70

Talking about the future

⇨ See also **MBPG 18.1.4 Future indicative**
MBPG 18.1.5 Conditional
MBPG 18.4.1 Periphrastic future
MBPG 18.4.2 Periphrastic conditional
MBPG 15.9 Future and conditional tenses

1 ★ You go for a job interview with a Brazilian company. The interview is conducted in Portuguese and, at the end, the interviewer tells you what will happen next. Choose an appropriate verb from the box to complete each sentence. The first one has been done for you.

> encaminhar   ser   reunir-se   entrevistar   receber   fazer   tomar   estar

(a) **Eu _____ o seu currículo para a nossa diretora em São Paulo.** > *Eu vou encaminhar o seu currículo para a nossa diretora em São Paulo.*
(b) **Nós _____ mais alguns candidatos nos próximos dias.**
(c) **Depois de entrevistar todos os candidatos, eu _____ uma pré-seleção dos quatro melhores.**
(d) **Esses quatro _____ chamados para uma segunda entrevista na semana que vem.**
(e) **A nossa diretora _____ presente nessa segunda entrevista.**
(f) **Depois eu e a nossa diretora _____ para trocar impressões sobre os diferentes candidatos.**
(g) **A nossa diretora _____ a decisão final depois dessa reunião.**
(h) **Você _____ um e-mail com a nossa decisão.**

2 ★★ Your Brazilian roommate announces she has invited some friends over for the evening. You need to make some preparations, so you ask a series of questions. Using the prompts below, how would you phrase your questions in Portuguese?

(a) Ask how many people are coming.
(b) Ask what time are they arriving.
(c) Ask where you are all going to sit.
(d) Ask what they are going to want to drink.
(e) Ask if they are going to bring anything.
(f) *Ask if she's going to buy some things to nibble (**beliscar**).*
(g) Ask if she and they are going to speak Portuguese.
(h) Ask if she thinks they're going to stay until late.

DOI: 10.4324/9781003278627-72

3 ⋆ Use the inflected future tense to replace the future formed with **ir** + infinitive (in italics) in the following sentences.

Example:

Em breve *vamos comunicar* a nova data do evento.
> *Em breve comunicaremos a nova data do evento.*

(a) **O novo acordo comercial *vai trazer* muitos benefícios ao país.**
(b) **Digite a sua mensagem aqui e *vou entrar* em contato o mais breve possível.**
(c) **O que *vai ser* deles? Só o tempo *vai dizer*.**
(d) **A marcha *vai seguir* até a Candelária, onde os manifestantes *vão fazer* um minuto de silêncio.**
(e) **Os candidatos *vão ter* até o dia 27 de maio para se inscreverem no curso.**
(f) **A reunião *vai se realizar* na Prefeitura e todos *vão ser* bem-vindos.**
(g) **Se você não ficar inteiramente satisfeito, *vamos reembolsar* 100% do valor pago.**
(h) **Não há dúvida de que as duas testemunhas *vão se contradizer*.**

4 ⋆ Your Brazilian friend, Tomás, is always changing his mind. Write his answers to your questions using the prompts in brackets.

Example:

O que você vai dar de presente no Dia das Mães? *(flores – um livro)*
> *Eu ia dar flores, mas agora vou dar um livro.*

(a) **O que você pretende estudar na faculdade?** *(Direito – Turismo)*
(b) **Você está pensando em ir aonde nas férias?** *(Bahia – Florianópolis)*
(c) **Que roupa você vai pôr para ir à festa hoje?** *(camisa social – camisa polo)*
(d) **Quem você está pensando em convidar para o seu aniversário?** *(só os amigos mais íntimos – a galera toda)*
(e) **O que você vai fazer no fim de semana?** *(viajar com uns amigos – ficar aqui)*
(f) **Que idioma você pretende aprender?** *(espanhol – inglês)*

5 ⋆ You had a meeting with a group of Brazilian friends to arrange a weekend trip to Ouro Preto. Another friend, Sandra, was unable to go to the meeting, so you are now telling her what was discussed. Report what each person said using the prompts. The first one has been done for you.

(a) Paulo: **"Vou procurar uma pousada na Internet."** *(O Paulo disse . . .)* > *O Paulo disse que ia procurar uma pousada na Internet.*
(b) Carla: **"Vou falar com a minha amiga que estudou lá."** *(A Carla falou . . .)*
(c) Daniel: **"A Sandra vai com a gente?"** *(O Daniel perguntou . . .)*
(d) Renata: **"Vou ver o preço da passagem de ônibus até Ouro Preto."** *(A Renata falou . . .)*
(e) Tom: **"Nós vamos ficar duas ou três noites lá?"** *(O Tom perguntou . . .)*
(f) Bárbara: **"Espero que a pousada tenha piscina."** *(A Bárbara esperava . . .)*
(g) Rogério: **"Estou com medo de que essa viagem fique muito cara."** *(O Rogério estava com medo . . .)*
(h) Ana: **"Não vou poder ir."** *(A Ana disse . . .)*

6 ★ Imagine you are writing a report of a news conference given by a Brazilian government minister about plans to build a **trem-bala** (high-speed train). Look at the minister's actual words and then report them using the words given in brackets and replacing the future tense with the conditional.

(a) **O trem-bala ligará Campinas ao Rio de Janeiro.** (*O ministro explicou que . . .*)

(b) **O trecho Rio – São Paulo ficará pronto em 2020.** (*Ele afirmou que . . .*)

(c) **Os trens farão paradas nos aeroportos de Guarulhos e Galeão.** (*Ele acrescentou que . . .*)

(d) **Os trens viajarão a uma velocidade de 300 km/h.** (*Segundo o ministro, . . .*)

(e) **A viagem Rio – São Paulo levará apenas 90 minutos.** (*Ou seja . . .*)

(f) **Muitas pessoas preferirão o trem ao avião.** (*O ministro expressou a certeza de que . . .*)

71
Talking about the past

⇨ See also MBPG 18.1.2 Imperfect indicative
   MBPG 18.3.2 Imperfect continuous
   MBPG 18.1.3 Preterite
   MBPG 18.2.1 Present perfect indicative
   MBPG 18.2.2 Pluperfect indicative

1 ★ Mike Edwards is being interviewed for a job with a Brazilian media company. The interviewers ask him to talk them through his CV, shown below. Imagine you are Mike and complete the sentences with the verbs given in brackets.

Nome:	*Mike Edwards*
Data de Nascimento:	*21.09.1970*
Lugar de Nascimento:	*Manchester, Inglaterra*
...	
1989–1990	Trabalho voluntário na Aldeias Infantis SOS, Porto Alegre, Brasil (6 meses). Viagem pelo Brasil (2 meses).
1990–1993	Bacharelado em Português, Universidade de Londres
1993–1995	Mestrado, Universidade de Oxford
	Tese: "Ditadura e Assistencialismo no Brasil 1964–1985"
1995–2000	Tradutor freelance do português para o inglês
2000–	BBC Brasil, tradutor e redator

(a) _____ em Manchester, Inglaterra, no dia 21 de setembro de 1970. (*nascer*)
(b) Em 1989, _____ ao Brasil pela primeira vez. (*ir*)
(c) _____ durante seis meses como voluntário num centro de acolhimento de crianças em Porto Alegre. (*trabalhar*)
(d) Depois _____ dois meses viajando pelo Brasil. (*passar*)
(e) Em 1990, _____ os meus estudos de português na Universidade de Londres. (*começar*)
(f) Eu _____ bacharel em 1993. (*formar-se*)
(g) Em 1995, _____ o mestrado pela Universidade de Oxford. (*concluir*)
(h) _____ a minha tese de mestrado sobre assistencialismo no Brasil durante a ditadura. (*escrever*)
(i) De 1995 a 2000, _____ a vida trabalhando como tradutor freelance de português em Londres. (*ganhar*)
(j) Em 2000, _____ contratado pela BBC de Londres como tradutor e redator na seção BBC Brasil. (*ser*)

DOI: 10.4324/9781003278627-73

Talking about the past

2 ★ Ângela Ferreira, one of the interviewers in Exercise 1, was impressed with Mike's CV. Later, she is discussing the candidates with her boss in São Paulo. What does she say about Mike? Start like this: **Ele nasceu em Manchester, Inglaterra, em 1970. . . .**

3 ★ You are busy helping a Brazilian friend to prepare a barbecue party. You were given lots of different jobs to do and your friend is checking that you have done everything. Answer the questions as shown in the examples.

Examples:

Você já colocou carvão na churrasqueira? (✓)
> *Acabei de colocar.*
Você já varreu o quintal? (✗)
> *Não, não varri o quintal ainda.*

(a) **Você já colocou a cerveja no freezer? (✓)**
(b) **Você já lavou a salada? (✗)**
(c) **Você já foi à padaria comprar pão? (✗)**
(d) **Você já acendeu a churrasqueira? (✓)**
(e) **Você já pôs a mesa? (✗)**
(f) **Você já passou um pano nas cadeiras? (✓)**
(g) **Você já trouxe o som do meu quarto? (✓)**
(h) **Você já fez tudo o que eu te pedi? (✗)**

4 ★ You have been staying in Rio for a couple of weeks now. A Brazilian friend asks you what you have been doing. Answer using the perfect tense.

Example:

dormir bastante > *Tenho dormido bastante.*
Friend: **O que é que você tem feito esses dias?**

(a) **ler muito**
(b) **fazer bastante exercício físico**
(c) **passear pela cidade**
(d) **ir à praia**
(e) **sair à noite com amigos**
(f) **ver televisão**
(g) **escrever muitos e-mails**
(h) **treinar meu português**

5 ★ Here are some important dates in the life of Cléber and Mara. How would you ask them how long they have been doing things and how would you reply? The first one has been done for you.

(a) **1990 – primeiro encontro** *(conhecer-se) Faz quanto tempo que vocês se conhecem?* > *Nós nos conhecemos desde 1990.*
(b) **1992 – casamento** *(ser casado)*
(c) **1995 – mudança para Curitiba** *(morar)*

(d) **1996 – entrada dos dois na mesma empresa** (*trabalhar*)
(e) **1998 – primeiras aulas de tênis** (*jogar*)
(f) **2005 – compra do cachorro** (*ter*)

6 ★ Rita is telling her children about her own childhood. Use the infinitives given to reconstruct what she says.

Example:

ajudar a minha mãe > *Eu sempre ajudava a minha mãe.*
Sempre . . .

(a) **tirar boas notas na escola**
(b) **arrumar o meu quarto**
(c) **obedecer aos meus pais**
(d) **fazer o meu dever de casa sem reclamar nunca . . .**
(e) **discutir com a minha mãe**
(f) **deixar as minhas coisas jogadas no chão**
(g) **pedir dinheiro ao meu pai**
(h) **sair sozinha**

7 ★ Alberto and Terezinha are telling their grandchildren about the good old days. Use the infinitives given in brackets to reconstruct what they say.

Example:

Os jovens _____ (*respeitar*) **os mais velhos.**
> *Os jovens respeitavam os mais velhos.*

(a) **As pessoas** _____ (*ser*) **mais educadas.**
(b) **Os jovens** _____ (*saber*) **escrever português bem.**
(c) **Nós** _____ (*brincar*) **na rua sem perigo.**
(d) **As ruas** _____ (*estar*) **mais limpas.**
(e) **As pessoas não** _____ (*ter*) **medo de ser assaltadas.**
(f) **Nós** _____ (*ir*) **à pé para a escola.**
(g) **Os alunos não** _____ (*fazer*) **bagunça na sala de aula.**
(h) **Os filhos** _____ (*preocupar-se*) **mais com os pais.**

8 ★★ Read the following story about how Iara met Fernando and put the verbs in brackets into the correct form of either the preterite or the imperfect as appropriate. **A Iara costumava pegar o ônibus no mesmo horário todos os dias. Ela sempre** _____ (1 *sentar*) **no fundo do ônibus e** _____ (2 *ver*) **as mesmas pessoas subindo e descendo durante o percurso. Um dia,** _____ (3 *subir*) **um rapaz que ela não** _____ (4 *conhecer*) **de vista. Ele** _____ (5 *ser*) **alto, moreno e bem bonito. Ele** _____ (6 *vir*) **sentar no banco em frente dela e, assim, ela** _____ (7 *poder*) **reparar nos ombros largos que ele** _____ (8 *ter*). _____ (9 *ser*) **começo de abril, e quando o ônibus** _____ (10 *parar*) **no ponto onde a Iara** _____ (11 *costumar*) **descer,** _____ (12 *chover*) **muito. A Iara** _____ (13 *perceber*) **que** _____ (14 *estar*) **sem guarda-chuva. Ela** _____ (15 *tentar*) **se proteger da chuva, quando, de repente, o rapaz do ônibus** _____ (16 *aparecer*) **do lado dela. Ele** _____ (17 *estar*) **com um guarda-chuva**

na mão. Quando ela _____ (18 *olhar*) para ele, ele _____ (19 *abrir*) um sorriso grande e _____ (20 *dizer*): "Quer dividir o guarda-chuva comigo?" Mal _____ (21 *saber*) a Iara naquele momento que esse cavalheiro sorridente _____ (22 *ser*) o homem da vida dela.

9 ★★ Your friend Paulo is telling you about some incidents that happened on his trip to Ouro Preto with a group of friends. Using the example as a guide, reconstruct what he says.

Example:

(*eu*) **andar na rua – tropeçar numa pedra**
> *Eu estava andando na rua quando tropecei numa pedra.*

(a) (*Carla*) **tirar uma foto – cair num buraco**
(b) (*nós*) **jantar num restaurante – acabar a luz**
(c) (*Tom e Bárbara*) **passear pela cidade – topar com uma prima do Tom**
(d) (*Daniel*) **olhar para o teto da igreja – esbarrar no padre**
(e) (*Renata*) **tomar sol – ser picado por uma abelha**
(f) (*Rogério e Sandra*) **atravessar a rua – quase ser atropelado por uma moto**
(g) (*eu*) **conversar com uma moça no bar – dar um banho de cerveja nela**
(h) (*nós*) **voltar para casa – quebrar o ônibus**

10 ★★ Your friend Tânia is telling you that a couple you know, Bruno and Luciana, have recently split up after a relationship lasting eight years. Complete the dialogue putting the verbs in brackets into the correct form and tense.

(a) Tânia: **Fazia oito anos que eles _____ (*estar*) juntos.**
(b) You: **Pois é, nós não _____ (*terminar*) a faculdade ainda quando começaram a namorar.**
(c) Tânia: **É, eles _____ (*namorar*) desde o segundo ano da faculdade.**
(d) You: **Mas, uma vez, a Luciana me ligou chorando porque _____ (*brigar*) com o Bruno.**
(e) Tânia: **É, parece que eles _____ (*brigar*) muito desde que mudaram para São Paulo.**
(f) You: **Mas fazia muito tempo que eles _____ (*morar*) juntos antes de mudar para São Paulo?**
(g) Tânia: **Não, eles _____ (*acabar*) de se juntar quando o Bruno conseguiu aquele emprego em São Paulo.**
(h) You: **Provavelmente a relação teria dado certo se eles não _____ (*ir*) para lá.**

Answer key

Diagnostic test on noun, adjective and verb inflections and verb tense usage

(1) ingleses – Europeia; (2) pagã – cristã; (3) japonesa; (4) pães; (5) combustíveis fósseis – renováveis; (6) lápis; (7) espanholas; (8) órgãos; (9) opções; (10) hotéis; (11) escrevíamos; (12) morou; (13) morta; (14) colidiram – feriu; (15) estivesse; (16) goste – fiz; (17) ficássemos; (18) resolverem; (19) íamos; (20) abrirão/vão abrir; (21) foi; (22) vim; (23) ajudaria/ajudava; (24) proteja; (25) me propuser; (26) clique; (27) compareça; (28) almocei; (29) der; (30) pague; (31) fizemos; (32) caía; (33) destrói – constrói; (34) me penteio; (35) dói; (36) sigam; (37) durmo; (38) fui; (39) convenha; (40) faça; (41) sobe; (42) odeia; (43) leem; (44) perca; (45) ouça; (46) soubemos; (47) disse; (48) trouxer; (49) fez; (50) contém; (51) teve; (52) der – vier; (53) visse; (54) compôs; (55) tiverem – releiam; (56) vá; (57) fosse – teria/tinha; (58) veja; (59) houve; (60) põe; (61) viesse; (62) sejam; (63) dão; (64) dê; (65) tivesse – tivéssemos; (66) forem; (67) Deu; (68) haja; (69) esteja; (70) pôde; (71) quiserem; (72) ganhar – for; (73) aberta; (74) puder; (75) acesas; (76) veio; (77) soltos; (78) esteve; (79) quis; (80) composta

Part A: Structures

1 Pronunciation and spelling

1
(a) jota-o-agá-ene quê-u-i-ene-ele-a-ene; (b) cá-e-ene dábliu-e-xis-efe-o-erre-dê; (c) agá-a-erre-o-ele-dê jota-o-ene-e-esse; (d) cá-a-erre-e-ene erre-i-ele-e-ípsilon; (e) vê-i-vê-i-a-ene tê-ípsilon-ele-e-erre; (f) jota-e-ene-ene (*or* dois enes)-ípsilon gê-erre-e-e (*or* dois es)-ene

2
(a) desespe<u>ra</u>do; (b) ale<u>gria</u>; (c) <u>co</u>mem; (d) pin<u>guim</u>; (e) espe<u>rei</u>; (f) capa<u>taz</u>; (g) disponibi<u>li</u>zam; (h) chu<u>chus</u>; (i) pa<u>pel</u>; (j) coloca<u>ção</u>; (k) balangan<u>dãs</u>; (l) deci<u>di</u>ram; (m) deci<u>dirão</u>; (n) coinci<u>di</u>a; (o) gua<u>ra</u>ni; (p) al<u>guns</u>

3
(a) papéis; (b) pés; (c) um chinês; (d) uma chinesa (*no accent*); (e) secretária; (f) secretaria (*no accent*); (g) órfão; (h) construído; (i) moinho (*no accent*); (j) raiz (*no accent*); (k) Suíça; (l) espontâneo; (m) bônus; (n) índice; (o) ônibus; (p) gases (*no accent*)

4
(a) na terça-feira, 3 de abril; (b) Ela é francesa. (c) uma escola católica; (d) Ele fala russo. (e) um regime comunista; (f) rebeldes maoístas; (g) Ela estuda Medicina.

5

(a) ch	(d) nh	(g) nh
(b) qu	(e) que	(h) qu
(c) ch, ch	(f) nh, lh	(i) ch, nh

6

morro	arco
açúcar	tarde
aterro	bater
assistir	ímpar
importante	jardim

7

famoso	m(e)ses
casa	apesar
casado	brasileiro
presidente	fase

8

Gisele	gente
Angélica	passagem
giz	Argentina

2 Gender and gender agreement

1

(a) a multidão; (b) a casa; (c) o rio; (d) a nação; (e) o melão; (f) o problema; (g) a amigdalite; (h) a cidade; (i) o ladrão; (j) o dia; (k) a análise; (l) o alvará; (m) a televisão; (n) a atitude; (o) a paisagem; (p) a mão; (q) o guarda-roupa; (r) o toca-fitas; (s) o sul; (t) a British Airways; (u) a Broadway; (v) o Manchester United; (w) o Fusca; (x) o Tâmisa; (y) o Boeing 747; (z) o Sheraton

2

(a) É uma historia assustadora. (b) A família dele é rica. (c) Eles são de descendência japonesa. (d) A sua mãe é muito gentil. (e) A palestra foi interessante. (f) Que criança comilona! (g) A Maria é espanhola. (h) Essa piada é muito boa!

3

(a) uma leoa feroz; (b) uma atriz famosa; (c) uma escritora afegã; (d) uma heroína espanhola; (e) uma imigrante irlandesa; (f) uma princesa belga; (g) uma imperatriz romana; (h) uma deusa má; (i) uma comissária europeia; (j) uma sacerdotisa pagã; (k) uma professora brincalhona; (l) a maior maestrina

4

(aa)	(f) cútis		(nn)	(f) oliveira
(bb)	(f) origem		(oo)	(f) ponte
(cc)	(m) sal		(pp)	(m) sangue
(dd)	(m) nariz		(qq)	(f) borda
(ee)	(f) árvore		(rr)	(m) creme
(ff)	(f) cor		(ss)	(m) paradoxo
(gg)	(m) costume		(tt)	(f) pétala
(hh)	(f) dor		(uu)	(m) protesto
(ii)	(f) desordem		(vv)	(m) riso
(jj)	(f) estreia		(ww)	(m) terraço
(kk)	(m) legume		(xx)	(f) equipe
(ll)	(m) leite		(yy)	(f) valsa
(mm)	(m) mel		(zz)	(m) tablete

ANSWER KEY

3 Number and number agreement

1   (a) dois livros; (b) dois caminhões; (c) dois museus; (d) duas canetas; (e) duas ocasiões; (f) duas mãos; (g) dois pães; (h) dois generais; (i) dois sons; (j) dois gols; (k) duas flores; (l) dois lençóis; (m) duas luzes; (n) dois mísseis; (o) dois lápis; (p) duas pontes; (q) dois barris; (r) dois meses; (s) dois túneis; (t) dois quadros-negros; (u) dois coquetéis; (v) dois guarda-roupas

2   (a) ônibus espaciais; (b) bons cristãos; (c) capitães espanhóis; (d) atrizes famosas; (e) cidadãos chineses; (f) decisões difíceis; (g) irmãos alemães; (h) boas sensações; (i) órgãos vitais; (j) questões simples; (k) jovens espanholas; (l) dicas úteis.

3   (a) guarda-roupas; (b) quartas-feiras; (c) castanhas-do-pará; (d) porto-riquenhos; (e) porta-retratos; (f) puxa-sacos; (g) águas-vivas; (h) porcos-espinhos *or* porcos-espinho; (i) curtos-circuitos; (j) para-brisas.

4   (a) Os alemães são trabalhadores. (b) O Ricardo tem muitos livros. (c) Comprei laranjas, bananas e maçãs. (d) Aquela loja conserta computadores. (e) As lagartixas comem (*or*: A lagartixa come) insetos. (f) O filho deles gosta muito de aviões. (g) Os canais americanos passam muitos comerciais. (h) Os portugueses acham que os brasileiros falam de maneira errada. (*or*: O português acha que o brasileiro fala . . .)

5   (a) These (*or* those) scissors do not cut. (b) I only have three pairs of trousers (*or* pants). (c) He took off his shoes (*could also be* his shoe *depending on the context*). (d) They put on their hats. (e) We need a pair of pliers (*or* some pliers). (f) I have two bits (*or* pieces) of good news. (g) That furniture is very old. (h) Can I ask for some information? (i) The data is wrong. (j) João has green eyes.

6

(q) *mãos*	(y) *cinturões*
(r) *pães*	(z) *irmãos*
(s) *leões*	(aa) *verãos*
(t) *cidadãos*	(bb) *diversões*
(u) *capitães*	(cc) *alemães*
(v) *situações*	(dd) *cães*
(w) *emoções*	(ee) *lições*
(x) *caminhões*	(ff) *informações*

7

(m) capitais	(s) confortáveis
(n) animais	(t) espanhois
(o) residenciais	(u) sois
(p) intelectuais	(v) azuis
(q) municipais	(w) civis
(r) hoteis	(x) bar

4 Articles

1   (a) as cidades; (b) os ladrões; (c) o dia; (d) a mão; (e) as casas; (f) a televisão; (g) o selo; (h) os carros; (i) o fogão; (j) os sistemas; (k) as fotos; (l) a viagem; (m) o mapa; (n) a tribo

162

2   (a) nas ruas; (b) pelo braço; (c) dos outros; (d) ao banco; (e) pelas pontas; (f) nos carros; (g) às crianças; (h) da escola; (i) do governo; (j) pela praia; (k) no livro; (l) aos Estados Unidos; (m) das ilhas; (n) na mesa; (o) pelos campos; (p) da geladeira; (q) à mesa.

3   (a) A comida brasileira é saborosa, mas não é picante. (b) O livro já foi traduzido para o português. (c) Shakespeare nasceu em 1564. (d) Você conhece a Laura? (e) A Espanha faz fronteira com Portugal. (f) O doutor Ricardo fala inglês. (g) A Microsoft lançou uma nova versão do Windows. (h) O Rio de Janeiro é a segunda maior cidade do Brasil.

(a) Brazilian food is flavorful/flavoursome, but it's not spicy. (b) The book has been/was translated into Portuguese. (c) Shakespeare was born in 1564. (d) Do you know Laura? (e) Spain borders Portugal. (f) Dr. Ricardo speaks English. (g) Microsoft (has) launched a new version of Windows. (h) Rio de Janeiro is the second largest city in Brazil.

4   (a) Ele meteu/enfiou/botou/colocou a mão no bolso e tirou a carteira. (b) O computador da Rita foi mais caro do que o da Susana. (c) Essas (*or* Estas) maçãs são melhores do que as que comprei semana passada. (d) Gosto da jaqueta vermelha também, mas prefiro a verde. (e) (Eu) lavei o rosto e escovei os dentes. (f) (Eu) separei (os) meus livros em duas pilhas: os que (já) li e os que não (li).

5   (a) umas cidades; (b) uns ladrões; (c) um dia; (d) uma mão; (e) umas casas; (f) uma televisão; (g) um selo; (h) uns carros; (i) um fogão; (j) uns sistemas; (k) umas fotos; (l) uma viagem; (m) um mapa; (n) uma tribo

6   (a) Ela é arquiteta (*no article*). (b) O Artur fala um francês perfeito. (c) Foi uma excelente notícia. (d) É uma pena ficar dentro de casa com um tempo tão bonito. (e) Ele trabalha como porteiro num prédio residencial (*no article*). (f) Quando faz sol, não saio sem chapéu (*no article*). (g) Enfrentamos um trânsito intenso na volta da praia. (h) Foi nessa época que o ator se tornou budista (*no article*). (i) É preciso uma coragem enorme para trabalhar de bombeiro. (j) Havia um segurança de terno e gravata na porta da boate (*no article*).

(a) She's an architect. (b) Artur speaks perfect French. (c) It was excellent news. (d) It's a pity to stay indoors in such nice weather. (e) He works as a doorman in a residential building. (f) When it's sunny, I don't go out without a hat. (g) We hit (*literally*, faced) heavy traffic on the way back from the beach. (h) It was at that time that the actor became a Buddhist. (i) You need enormous courage to work as a firefighter. (j) There was a security guard in a suit and tie at the door of the nightclub.

7

(aa)	(a) Inglaterra	(nn)	(x) Porto Rico
(bb)	(os) Estados Unidos	(oo)	(a) China
(cc)	(x) Brasília	(pp)	(o) Canadá
(dd)	(o) Porto	(qq)	(a) Coreia do Sul
(ee)	(x) Portugal	(rr)	(o) Irã
(ff)	(o) Cairo	(ss)	(o) Timor-Leste
(gg)	(o) Rio de Janeiro	(tt)	(x) São Paulo
(hh)	(x) Nova York	(uu)	(x) Minas Gerais
(ii)	(x) Los Angeles	(vv)	(o) Tocantins
(jj)	(x) Salvador	(ww)	(x) Pernambuco
(kk)	(a) Bahia	(xx)	(a) Cidade do México
(ll)	(x) Angola	(yy)	(x) São Francisco
(mm)	(x) Moçambique	(zz)	(x) Paris

5 Adjectives and adverbs

1 (a) É urgente solucionar os problemas sociais. (b) Comprei vários livros naquela livraria. (c) A economia brasileira não para de crescer. (d) Ela comeu a última fatia de pão. (e) Passam programas interessantes nesse canal. (f) Quero apresentar a minha futura esposa. (g) O ator nasceu em Honolulu, no paradisíaco Havaí. (h) Só li as primeiras páginas do livro. (i) A Comunidade Econômica Europeia foi criada em 1957. (j) Tenho poucas horas livres durante a semana.

(a) It's urgent to solve (the) social problems. (b) I (have) bought several books in that bookstore. (c) The Brazilian economy just keeps (*literally*, doesn't stop) growing. (d) She ate/has eaten the last slice of bread. (e) There are (*literally*, there pass) interesting programs/ shows on this/that channel. (f) I want/I'd like to introduce my future wife. (g) The actor was born in Honolulu, in idyllic Hawaii. (h) I('ve) only read the first pages of the book. (i) The European Economic Community was created in 1957. (j) I have few free hours (little free time) during the week.

2 (a) um grande país; (b) uma bruxa má; (c) uma única folha de papel; (d) um antigo colega de trabalho; (e) um computador novo; (f) uma igreja próxima; (g) a direção certa; (h) a mesma pessoa.

3 (a) caro; (b) forte; (c) direito; (d) direto; (e) junto; (f) alto; (g) rápido; (h) baixo

(a) The electrician charged a lot for the repair. (b) The car crashed hard into a post/pole. (c) He was so drunk he couldn't speak properly. (d) I left work and went straight home. (e) If you go to the mall, I'll come (*literally*, go) along. (f) Speak up as I can't hear you. (g) The vacation has gone by so fast and we're already going back to school *or* The vacation went by so fast and we've already gone back to school. (h) He fell asleep/slept with the radio playing very quietly.

4 (a) Ele geralmente liga nos domingos. (b) Os acumuladores são comumente chamados de baterias. (c) O governo condenou energicamente a ação dos terroristas. (d) Leia as instruções lenta e atentamente. (e) O japonês é uma língua extremamente difícil. (f) Você provavelmente não se lembra de mim. (g) O avião desapareceu misteriosamente dos radares. (h) Não é politicamente correto usar uma palavra dessas.

(a) He usually/generally calls on Sundays. (b) Accumulators are commonly called batteries. (c) The government (has) forcefully condemned the terrorists' action. (d) Read the instructions slowly and carefully. (e) Japanese is an extremely difficult language. (f) You probably don't remember me. (g) The plane mysteriously disappeared from radar screens. (h) It's not politically correct to use a word like that.

5 (a) a maior; (b) mais novo; (c) mais comprida; (d) a pior; (e) melhor; (f) mais interessante; (g) menor; (h) mais; (i) mais inteligente; (j) menos

(a) São Paulo is the biggest city in Brazil. (b) Monica's husband is younger than her. (c) We need a longer ladder to get up to the roof. (d) It was the worst experience of my life.

(e) She sings better than the other members of the group. (f) Isn't there anything more interesting on TV? (g) Do you have this same T-shirt in a smaller size? (h) We're going to need more chairs. (i) He's the cleverest/smartest student in the class. (j) My grandfather works much less now (*literally*, today) than he used to (*literally*, formerly).

6 (a) riquíssima; (b) lindíssimas; (c) facílima; (d) mínimo; (e) felicíssimos; (f) confortabilíssimas; (g) ótimo; (h) péssimo

6 Numbers and numerical expressions

1 (a) nove; (b) catorze/quatorze; (c) dezessete; (d) dezoito; (e) vinte e seis; (f) cinquenta e cinco; (g) oitenta e dois; (h) cento e três; (i) cento e quarenta e quatro; (j) duzentos e dezesseis; (k) trezentos e treze; (l) quinhentos e oitenta e sete; (m) seiscentas e cinquenta casas; (n) mil e cem pessoas; (o) duas mil e quinhentas libras; (p) sete mil oitocentos e vinte quilômetros; (q) dois bilhões de reais; (r) catorze/quatorze milhões de dólares; (s) um milhão e seiscentas mil pessoas

2 (a) quinto lugar; (b) décimo nono; (c) quinquagésimo; (d) vigésimo quarto; (e) primeiro; (f) trigésima sétima; (g) décimo primeiro; (h) milésima; (i) segundo milionésimo; (j) octogésima oitava

(a) He came fifth in the competition. (b) They live on the 19th floor. (c) They celebrated the 50th anniversary of the company. (d) She came 24th in the marathon. (e) I was the first to arrive at the party. (f) The Brazilian tennis player reached 37th place in the world ranking. (g) The restaurant is already in its 11th year. (h) This month the magazine reaches its 1000th issue. (i) The airline's two millionth passenger won a trip to Miami. (j) The 88th Oscar award ceremony will be broadcast live.

3 (a) no dia 17 (dezessete) de novembro de 1986 (mil novecentos oitenta e seis); (b) Hoje é dia 12 (doze); (c) do dia 1º (primeiro) de junho até o dia 31 (trinta e um) de agosto; (d) Com referência a sua carta de 2 (dois) de fevereiro, . . .; (e) desde o dia 24 (vinte e quatro) de março; (f) até o dia 30 (trinta) de setembro de 2018 (dois mil e dezoito)

4 (a) São duas e vinte e cinco. (b) São quatro e quinze. (c) São cinco e meia. (d) É uma e dez. (e) São quinze para as quatro./São três e quarenta e cinco. (f) São vinte para as dez./São nove e quarenta. (g) É meio-dia e vinte. (h) São cinco para meia-noite./São onze e cinquenta e cinco da noite. (i) São quinze para as nove da noite./São oito e quarenta e cinco da noite. (j) São três e meia da madrugada. (k) São dez e quinze da manhã. (l) São duas e vinte da tarde. (m) o trem das vinte e trinta e cinco; (n) a sessão das vinte e duas horas; (o) o voo das dezoito e trinta

5 (a) sete vírgula zero cinco por cento (7,05%); (b) duas toneladas e meia de cana-de-açúcar; (c) Custou sete e vinte e cinco. (d) um terço dos candidatos; (e) meia garrafa de vinho; (f) os vinte por cento restantes; (g) um décimo do tamanho do Brasil; (h) a rainha Elizabeth Segunda; (i) dois centésimos de segundo; (j) metade dos alunos/estudantes; (k) três quartos da população; (l) outras quinhentas libras; (m) um vinte avos/vigésimo do meu salário

7 Personal pronouns

1 (1) você; (2) Você; (3) comigo; (4) Eu; (5) eu; (6) te; (7) mim; (8) você; (9) você; (10) você; (11) nós/a gente; (12) Você; (13) me

2 (1) Eu; (2) do senhor; (3) o senhor; (4) mim; (5) Nós; (6) Vocês; (7) nós; (8) Você; (9) me; (10) o senhor (11) me; (12) eu; (13) lhe

3 (a) Vi elas ontem. (b) Estou esperando eles. (c) Não lembro de ter visto ela na festa. (d) Acho que devíamos ajudar ele *or* ajudá-lo. (e) Tenho certeza que eu conheço ela de algum lugar. (f) A polícia conseguiu prender eles *or* prendê-los. (g) Deixei em cima da mesa *or* Deixei elas . . . (h) Achei um iogurte na geladeira e comi.

4

(a) A polícia o prendeu (*neutral*) *or* A polícia prendeu-o (*formal*). (b) O site lhes dá a possibilidade . . . *or* O site dá a elas a possibilidade . . . (c) O advogado deve enviá-los hoje. (d) A testemunha não lembrava de tê-la visto. (e) Não as publicaram. (f) . . . que eu lhe faça uma pergunta? (g) Obrigaram-nos . . . (h) Pedimos-lhe . . . (i) O passageiro que o perder . . . (j) O assaltante as tinha roubado (*neutral*) *or* O assaltante tinha-as roubado (*formal*).

5

A passageira Márcia Alves conta que o preso era um homem alto de bigode. Ela o viu dentro do avião e já o achou meio suspeito. Quando desceram do avião, ela reparou que o homem estava com uma bolsa bem grande. Ele estava na frente dela, e ela foi seguindo-o até o hall de desembarque. No hall de desembarque, uma mulher o abordou e lhe disse algo/alguma coisa em voz baixa. O homem a empurrou e começou a correr. Apareceram dois policiais que foram atrás dele. O homem ainda estava com a bolsa, mas quando viu os policiais, largou-a no chão. Os policiais o alcançaram na porta de saída. Prenderam-no e colocaram-no num camburão.

6

"A forma do José conhecer a Bárbara (*or* A forma com que o José conheceu . . .) foi bem romântica. Ele via ela de vez em quando no ônibus e já achava ela bonita. Desciam no mesmo ponto, mas ele nunca dirigiu a palavra para ela. Um dia, chovia muito na hora de os dois descerem do ônibus, e o José resolveu oferecer para ela o guarda-chuva. Ela respondeu para ele que não queria deixar ele (*or* deixá-lo) sem guarda-chuva. Então ele disse para ela que, se ela não aceitasse levar, pelo menos podiam dividir. Assim ele conheceu ela pessoalmente e, da próxima vez que se encontraram, ele convidou ela para sair. Depois de alguns meses de namoro, ele pediu ela em casamento e ela aceitou."

7

(a) Ela disse que não o amava mais. (b) Estamos nos divertindo . . . (c) Ele tinha me falado . . . (d) Ela pode se classificar . . . (e) Peço-lhe um pouco . . . (f) Elegeram-na para o cargo . . . (g) Estamos aguardando-os. (h) É melhor colocá-las . . .

8

(r)   A sercretária **me** trouxe o arquivo.
(s)   A recepcionista **o** atendeu hoje de manhã.
(t)   Os clientes trouxeram-**nos** para o diretor.
(u)   Os clientes **lhe** trouxeram seus cartões.
(v)   Ontem **lhe** fizemos uma visita.
(w)   Fiquei de entregá-**lo** aos clientes ainda hoje.
(x)   Fiquei de entregar-**lhes** o projeto ainda hoje.
(y)   Não **as** vi ontem.
(z)   Comprei-**os** para todos os meus amigos.
(aa) Comprei-**lhes** presentes.
(bb) Os convidados levaram-**no** para o aniversariante.
(cc) Os convidados **lhe** levaram um bolo.
(dd) Eu **as** levo para a escola.
(ee) À tarde, minha esposa vai buscá-**las**.
(ff) A secretária não **me** disse "Bom dia" hoje.
(gg) Ela sempre **lhes** diz o que pensa.
(hh) Vamos elevá-**los** este mês.

8 Demonstratives

1

(a) essas; (b) esse; (c) essa; (d) esses; (e) aquela; (f) aqueles; (g) aquele; (h) aquelas; (i) este; (j) estes; (k) estas; (l) esta

2 (1) aquela; (2) aquelas; (3) aquele; (4) ali; (5) essa; (6) nessa; (7) nesse; (8) nessa; (9) essa; (10) essa; (11) esses; (12) daqueles

3 (1) daquele; (2) naquela; (3) aquele; (4) esse; (5) aquele; (6) aquele; (7) esse; (8) daqueles; (9) nesse; (10) esse; (11) desses

4 (1) cá; (2) aí; (3) aí; (4) lá; (5) aqui; (6) ali; (7) aí

5

(a) Esta	(e) Estes
(b) Aqueles	(f) Estas
(c) Esse	(g) Essas
(d) Aqueles	(h) Aquele

9 Possessives

1 (a) as minhas mãos; (b) a nossa casa; (c) os seus livros; (d) os nossos amigos; (e) a minha avó; (f) a sua bicicleta; (g) o nosso país; (h) as suas coisas; (i) os meus pais; (j) as nossas viagens; (k) o seu avô; (l) o meu pé

2 (a) O casamento deles; (b) (A) minha avó; (c) (as) nossas notas; (d) os pais dele; (e) a casa de vocês; (f) o cachorro dela; (g) a sua bicicleta; (h) os meus amigos

3 (a) as minhas; (b) os delas; (c) o dele; (d) a dela; (e) o seu; (f) os nossos; (g) as deles; (h) a de vocês

4 (a) (Eles) querem uma casa própria. (b) Ele (se) casou com uma prima minha. (c) Essas chaves são suas? (d) Ele ama os filhos. (e) Onde está (*or* Cadê) aquele seu irmão? (f) Isso não é verdade, seu mentiroso! (*or* sua mentirosa!)

5
(i) *O seu cachorrinho se dá muito bem com o meu.*
(j) *Gosto muito mais da sua estilista do que da minha.*
(k) *Estas são as minhas camisas. As suas estão no guarda-roupa.*
(l) *Aquela é a minha casa. A sua fica no próximo quarteirão.*
(m) *Eu trabalho muito mais do que ela e o salário dela é muito mais alto do que o meu. Que tristeza!*
(n) *Os nossos filhos estudam no centro e os deles estudam perto do shopping.*
(o) *Eu prefiro o café da minha mãe do que o seu.*
(p) *O meu carro não tem ar-condicionado, mas o dela tem e é muito bom.*

10 Relative pronouns

1 (a) quem *or* que; (b) que; (c) Quem; (d) que; (e) o que *or* que; (f) que; (g) O que; (h) o que; (i) que; (j) o que *or* que

2 (a) The woman I was talking to is my Portuguese teacher. (b) I don't remember the name of the movie we saw that day. (c) The one who won the championship was the Brazilian *or* It was the Brazilian who won the championship. (d) It's a situation we have to get used to. (e) I'll tell you everything I know about the case. (f) Was the person who phoned a man or a woman? (g) What's lacking/missing in their work is originality. (h) He didn't win the competition, which was a great disappointment for him. (i) This is the colour I like most/best. (j) I don't believe anything she says.

3 (a) a qual; (b) cujo; (c) os quais; (d) cuja; (e) das quais; (f) cujas; (g) à qual; (h) cujos

(a) They founded a company in Brazil which produced shoes. (b) Here goods are stored, the final destination of which is Europe. (c) They are prejudices we should fight against. (d) The device/apparatus was tested on trucks whose monthly mileage is quite high. (e) That is impossible due to the circumstances we currently find ourselves facing. (f) It's a custom the roots of which are lost in the mists of time. (g) She had no recollection of the occasion I was referring to. (h) The crèche/daycare center takes care of children whose parents work during the day.

4 (a) O livro que estou lendo é muito interessante. (b) A cidade de onde ela vem é (*or* fica) longe daqui. (c) Esse não é o filme de (*or* em) que eu estou falando. (d) Nunca ri tanto quanto/como (ri) naquela noite. (e) Estava chovendo no dia em que (eu) cheguei aqui. (f) Qual (é) o nome do lugar aonde (*or* onde *or* a que) vamos amanhã? (g) As imagens mostram o momento em que a bomba explodiu. (h) Quem (*or* Qualquer um que) dirige em São Paulo precisa de muita paciência.

5

(o)	quem	(v)	qual
(p)	que	(w)	quem
(q)	que	(x)	quais
(r)	cujo	(y)	quem
(s)	ao qual	(z)	quais
(t)	que	(aa)	o qual
(u)	que	(bb)	onde

11 Interrogatives

1 (a) Que; (b) Qual; (c) O que; (d) quem; (e) Por que; (f) quantos; (g) quais; (h) Quanto; (i) Como; (j) Quem; (k) Onde; (l) Qual; (m) Quantas; (n) quando; (o) Como; (p) Para que (*or* Por que); (q) Que tal; (r) Cadê

2 (a) Qual; (b) Qual; (c) Que; (d) O que; (e) Qual; (f) O que; (g) Qual; (h) qual; (i) Que; (j) Qual

3 (a) Não sei como voltar ao hotel. (b) Tem onde trocar dinheiro por aqui? (c) Você tem com (o) que escrever? (d) Não tem (*or* há) por que ter (*or* estar com) medo. (e) Não tinha onde sentar. (f) Tem como ajudá-los?

12 Exclamations

1 (1) Que; (2) Quanto; (3) como; (4) Que; (5) como; (6) Quantas

Bárbara: Hi, Tereza! What a surprise!
Tereza: _____ Bárbara! How long has it been, eh?
Bárbara: _____ That's right, it's been at least ten years.
Tereza: _____ Wow, how time goes by fast, doesn't it? It seems like yesterday we were graduating. How are you?
Bárbara: _____ I'm fine. And you?

Tereza: _____ I'm well. – How nice to see you again!
Bárbara: _____ Same here (*literally*, I think so too). Gosh, how I miss that time at college!
Tereza: _____ Me too. So many (*literally*, how many) good memories!

13 Indefinite adjectives and pronouns

1

(1) tudo; (2) todo; (3) tudo; (4) todas; (5) todos; (6) toda; (7) tudo; (8) toda; (9) Todos; (10) todas

Hi love/honey, everything OK?

Didn't I promise to write to you every day? So, before going to sleep, I'm going to tell you everything that happened today. I had breakfast with my cousins and then we all went to the beach. It seemed like all the inhabitants of Rio were on the beach today, there was hardly room to sit down. I put on sunblock, but even so I got all red from the sun. After the beach we went to have lunch. My meal (*literally*, dish) was delicious, but very big, and I couldn't eat it all. We went back home and spent the whole afternoon listening to music and talking. In the evening we had dinner with my uncle and aunt and my other cousin. Everyone/They all asked about you and I showed them all the pictures of you I have on my mobile/cell phone.

2

(a) cada; (b) alguém; (c) algo; (d) Ambas; (e) alguns; (f) outra; (g) qualquer; (h) Uma tal

(a) The situation is getting worse each/every day. (b) A witness said he saw someone climbing over the wall. (c) There was something different about her appearance. (d) Both (the) sisters study medicine. (e) Bob spent a few months travelling around Brazil. (f) We're going to need another chair, for one more person. (g) I think it's best to bring the washing/laundry in off the clothesline. It's going to rain any moment now. (h) Someone by the name of Beatriz called for you.

3

(a) muitas pessoas (*or* muita gente); (b) poucas palavras; (c) algumas palavras; (d) Falo pouco/Não falo muito português. (e) Falo um pouco de português. (f) mais cadeiras; (g) menos dinheiro; (h) bastante espaço; (i) várias semanas; (j) pouco tempo; (k) muitos brasileiros; (l) tanto trabalho; (m) bastantes carros; (n) muita paciência; (o) poucos clientes; (p) um pouco menos barulho

4

(a) mais alguém/alguém mais; (b) outra pessoa; (c) Mais alguma coisa; (d) outra coisa; (e) em outro lugar; (f) tudo mais/tudo o mais

5

(k)	tudo, toda, toda, cada	(p)	todo(a), cada
(l)	cada, tudo	(q)	cada
(m)	todos, cada	(r)	todos, cada
(n)	cada	(s)	cada
(o)	todos, cada	(t)	todo, todo

14 Negatives

1

(a) eu não falo chinês; (b) não entendi nada; (c) ninguém ligou; (d) eu nunca esquiei; (e) eu nem conheço o Ricardo direito; (f) não vai chover nem hoje nem amanhã; (g) ele não deixou nenhum recado; (h) eu não disse nada a ninguém

2

(a) Eu nunca chego tarde. (b) Eu nunca deixo nada para você arrumar. (c) Eu nunca boto nenhum defeito na sua aparência. (d) Eu nunca saio com ninguém no sábado à noite. (e) Eu nunca tenho nada a reclamar.

3

(a) Não, não sou.
(b) Não, não é.
(c) Não, não são.
(d) Não, não somos.
(e) Não, não é.
(f) Não, não vamos.

4

(a) Eu não devo pôr tudo na mesma nem na gaveta.
(b) Você não encontrou a sua mochila nem os seus cadernos.
(c) Hoje não há aula nem o jogo de futebol.
(d) Não está na hora e ir à praia nem para o supermercado.
(e) O Jorginho não deixou a nova bola na escola nem no ginásio.
(f) A Marina não estuda em casa nem na universidade.
(g) Você não falam português nem francês.
(h) Nós não vamos à praia nem à festa.

15 Regular verb conjugations

1

(a) como
(b) bebem
(c) entende
(d) esquece
(e) parece
(f) atende
(g) atendem
(h) decidem
(i) divide
(j) discutem
(k) assisto
(l) imprime
(m) desistimos
(n) dividimos

2

(a) morávamos
(b) era, estudava
(c) trabalhavam, faziam
(d) era, escrevia
(e) vinha, trazia
(f) estava, tinha
(g) escutava, praticava
(h) sofria, ia

3

(a) Ontem a Priscila levantou tarde, tomou banho e comprou o jornal.
(b) Ontem eu cheguei cedo no escritório, escrevi e-mails e ao meio-dia.
(c) Essa manhã, Antônio esqueceu a chave do carro, voltou para casa e chegou atrasado.
(d) Anteontem nós terminamos o relatório, corrigimos os erros e entregamos ao chefe.
(e) Hoje eu digitei a proposta, mandei tudo para o cliente e esperei o resultado.
(f) Semana passada, ele buscou os filhos na escola, preparou o jantar e assistiu TV.
(g) Domingo passado, minhas amigas navegaram na internet, encontraram anúncios de casas e selecionaram os melhores.
(h) No mês passado, a Regina conheceu o Cristo Redentor, caminhou ao redor da estátua e dormiu tarde.

4

(a) puxamos, puxávamos, puxamos; (b) vive, vivia, viveu; (c) divido, dividia, dividi; (d) cumprem, cumpriam, cumpriram; (e) duvida, duvidava, duvidou; (f) recebemos, recebíamos, recebemos; (g) escuto, escutava, escutei; (h) defende, defendia, defendeu; (i) omitimos, omitíamos, omitimos; (j) batem, batiam, bateram; (k) tira, tirava, tirou; (l) imprimo, imprimia, imprimi; (m) parte, partia, partiu; (n) metem, metiam, meteram; (o) adoro, adorava, adorei; (p) desistimos, desistíamos, desistimos; (q) jantam, jantavam, jantaram; (r) corro, corria, corri; (s) exibem, exibiam, exibiram; (t) ajudamos, ajudávamos, ajudamos; (u) cedo, cedia, cedi; (v) expande, expandia, expandiu; (w) roubam, roubavam, roubaram; (x) dependemos, dependíamos, dependemos.

5

(a) gostem; (b) assistam; (c) ganhemos; (d) entenda; (e) lave; (f) comamos; (g) decida; (h) sofram; (i) dividamos

(a) I hope you like the present. (b) It's important they attend the meeting. (c) Let's hope we win. (d) Perhaps he doesn't understand Portuguese. (e) They want me to wash all these clothes. (f) She prefers us to eat later. (g) It's possible he'll decide to stay. (h) It doesn't surprise me they suffer. (i) They suggest we share a room.

6

(a) deixássemos; (b) vendesse; (c) imprimissem; (d) insistisse; (e) pintasse; (f) prendessem; (g) coincidisse; (h) terminassem; (i) metêssemos

(a) They wanted us to leave our bags at the entrance. (b) If I sold my car, I'd have money to travel. (c) I think it would be better if you printed the document in black and white. (d) As much as he insisted, she didn't give in. (e) What if we painted the bathroom green? (f) The people were demanding that the authorities arrest the suspect. (g) It was inevitable that the election would coincide with the holiday. (h) He asked the students to let him know when they finished the test. (i) She didn't like us interfering in her life.

7

(a) precisarem; (b) entendermos; (c) desistir; (d) acordar; (e) decidirmos; (f) chover; (g) permitirem; (h) chegarmos; (i) responderem

(a) If you need help, you can call me. (b) We can make of our lives whatever we please. (c) Anyone who pulls out of the trip will have to pay a fee. (d) If I get up early tomorrow, I'll go to the (farmers') market to buy fish. (e) When we decide what we're going to do, we'll let you know. (f) If it rains, I'm not going to go out. (g) If you'll allow (me), I'd like to make a comment about that. (h) We'll send word as soon as we arrive. (i) That depends on what they reply.

8

(a) venceremos, venceríamos; (b) voltará, voltaria; (c) demitirei, demitiria; (d) perderão, perderiam; (e) pagarei, pagaria; (f) resistirão, resistiriam; (g) colaboraremos, colaboraríamos; (h) escolherá, escolheria

9

(a) desço; (b) rói; (c) coloquem; (d) saía; (e) reúne; (f) dirija; (g) destrói – constrói; (h) proíbe; (i) comecei; (j) deságua; (k) peguei; (l) caí – machuquei; (m) freia; (n) contribuíram; (o) doía; (p) cresçam; (q) fiquei; (r) diminuído; (s) almocemos; (t) provoque; (u) enxáguo; (v) exijo; (w) extingam; (x) apaguei.

(a) I catch the bus outside (*literally*, in front of) my house and get off at the metro station. (b) She has bitten (*literally*, gnawed) her nails since she was a child. (c) It's important you put your name on the paper. (d) He used to go out a lot with his friends. (e) Once a year, my grandmother brings the whole family together for a party. (f) You must be tired. Do you want me to drive? (g) Nature sometimes destroys what man builds. (h) The law prohibits racial discrimination. (i) I started studying Portuguese last year. (j) The Amazon river empties/ flows into the Atlantic. (k) Sorry, I think I took your pen by mistake. (l) Yesterday I fell off my motorcycle and hurt my arm. (m) A good driver brakes when approaching a junction/ intersection. (n) I want to thank everyone/all those who contributed to the success of the project. (o) When I tried to run, my knee hurt a lot. (p) The fertilizer makes the plants grow more quickly. (r) The number of cases of dengue fever has been decreasing over recent months. (s) She wants us to have lunch together tomorrow. (t) It's probable/likely the measure will cause a lot of protest. (u) When I put conditioner on my hair, I always rinse really well.

(v) I respect others and demand respect. (w) We should do all we can to prevent indigenous languages dying out. (x) I turned off the lights and left the room.

16 Semi-irregular and irregular verbs

1

A	B
sentir:	progredir:
sinto, sente, sentem	progrido, progride, progridem
repetir:	prevenir:
repito, repete, repetem	previno, previne, previnem
conseguir:	agredir:
consigo, consegue, conseguem	agrido, agride, agridem
digerir:	denegrir:
digiro, digere, digerem	denigro, denigre, denigrem
vestir:	
visto, veste, vestem	

2

(a) durmo; (b) sigamos; (c) tusso; (d) pula; (e) fogem; (f) descubram; (g) some; (h) engulo; (i) prefiro; (j) previna; (k) reflitam; (l) sirva; (m) cubro; (n) desentope; (o) agridem

(a) On Sundays, I lie/sleep in (*literally*, sleep until late). (b) They require us to follow the instructions. (c) When I cough, my chest hurts. (d) I want you to wash and polish the car. (e) The problem is due to motives beyond (*literally*, that evade) our control. (f) I hope they don't find out/discover the truth. (g) Every time I need him, he disappears. (h) My throat hurts when I swallow. (i) I prefer to eat healthy foods. (j) Scientists do not believe the substance prevents cancer. (k) It's important they think it over carefully (*literally*, well) before making a decision. (l) I hope this experience will serve as a lesson to you for the future. (m) As the table is very old, I always cover it with a tablecloth. (n) This product unblocks blocked drains. (o) Players set a terrible example when they assault each other on the field.

3

Infinitive	*Present indicative*			*Present subjunctive*
falar	falo	fala	falam	talvez fale
ler	leio	lê	leem	talvez leia
despedir	despeço	despede	despedem	talvez despeça
odiar	odeio	odeia	odeiam	talvez odeie
sorrir	sorrio	sorri	sorriem	talvez sorria
perder	perco	perde	perdem	talvez perca
reduzir	reduzo	reduz	reduzem	talvez reduza
ouvir	ouço	ouve	ouvem	talvez ouça

4

(a) sei, sabia, soube; (b) diz, dizia, disse; (c) vão, iam, foram; (d) pomos, púnhamos, pusemos; (e) dou, dava, dei; (f) pode, podia, pôde; (g) trago, trazia, trouxe; (h) têm, tinham, tiveram; (i) faz, fazia, fez; (j) vimos, vínhamos, viemos; (k) vemos, víamos, vimos; (l) estou, estava, estive; (m) dispõem, dispunham, dispuseram; (n) quer, queria, quis; (o) somos, éramos, fomos; (p) provém, provinha, proveio

5

(a) faça; (b) tenhamos; (c) estejam; (d) haja; (e) caiba; (f) seja; (g) vá; (h) queira; (i) diga; (j) vejamos

(a) I hope he doesn't do anything stupid. (b) It's important we have faith. (c) I think they're going to want to go out in the evening, unless they're tired. (d) It's impossible there'll be any problem/There can't possibly be any problem. (e) Let's hope this all fits in one suitcase. (f) As expensive as it is/may be, the painting constitutes an excellent investment. (g) Wherever she goes, people recognize her. (h) Whether you want to or not/Like it or not, you will have to stop/quit smoking. (i) I want you to tell me the truth. (j) I suggest we look at (*literally*, see) some examples.

6 (a) pudesse; (b) fizesse; (c) tivesse; (d) pusesse; (e) fosse; (f) estivessem; (g) viessem; (h) vissem; (i) déssemos; (j) fosse

(a) If I could, I'd help you. (b) However cold it was, he was always in a T-shirt. (c) He said he'd call me when he had time. (d) I'd like you to put a dash of milk in my coffee. (e) If it hadn't been for your act of courage, I wouldn't be here today. (f) Perhaps the children were afraid./The children might have been afraid. (g) I was hoping/expecting you'd come here. (h) I wanted/I'd like you to see my house. (i) They'd prefer us not to give our opinion. (j) The dog went for me as if it was going to bite me.

7 (a) quiserem; (b) disserem; (c) trouxer; (d) houver; (e) for; (f) propusermos; (g) souber; (h) estiverem; (i) der e vier; (j) vir

(a) You can stay here if you want. (b) When they tell us something, we'll send word. (c) Anyone you bring will be welcome. (d) Whatever happens, I will always be by your side. (e) You can always sleep/stay over here if necessary (*literally*, if it's the case). (f) They're going to reject anything we propose. (g) My dad will be cross/mad when he hears about this. (h) If you're hungry, you can make a sandwich/snack. (i) You can count on me for whatever may arise (*literally*, whatever gives and comes). (j) If you see Cristina, tell her to call me.

17 Gerunds, past participles, compound perfect tenses and the passive

1 (1) lendo; (2) aprendendo; (3) gostando; (4) adorando; (5) tendo; (6) escutando; (7) repetindo; (8) pensando; (9) precisando; (10) fazendo; (11) escrevendo; (12) corrigindo; (13) rindo; (14) contando; (15) descrevendo; (16) querendo

2 (a) Ele atravessou o rio remando. (b) É perigoso atravessar a rua correndo. (c) Esse ano passou voando. (d) Fomos à praia pedalando *or* pedalando à praia. (e) É divertido descer a montanha esquiando. (f) Tive que subir a ladeira empurrando a bicicleta. (g) Ela gosta de voltar para casa andando de vez em quando. (h) O professor entrou correndo na sala de aula e pediu desculpas pelo atraso. (i) Não quero voltar dirigindo sozinho. (j) Era meia-noite quando o Jack finalmente saiu cambaleando do bar.

3 (a) conversado; (b) cobertas; (c) dito; (d) vendido; (e) abertas; (f) sido; (g) composta; (h) escrito; (i) visto; (j) reduzido; (k) vindo; (l) feita

4 (a) 3; (b) 1; (c) 3; (d) 2; (e) 1; (f) 3; (g) 1; (h) 1; (i) 3; (j) 2

5 (a) Se ele tivesse terminado o trabalho dele, teria (*or* tinha *or* ia ter) vindo à festa. (b) Quando você tiver lido a carta, pode me dizer o que você acha. (c) Você tem feito (os) seus exercícios todo dia (*or* todos os dias)? (d) Eu tinha esquecido que era o aniversário dela. (e) Você deve ter perdido a chave. (f) Espero que eles tenham chegado bem. (g) Até 2050, a população terá (*or* vai ter) duplicado. (h) Embora ele tivesse pago (*or* pagado) o livro, foi acusado de tê-lo roubado.

6 (a) O ladrão foi preso por um policial, que passava pelo local. (b) A proposta provavelmente será aceita pelo Congresso. (c) Os presos políticos deveriam ser soltos pelo regime. (d) Os trabalhos são sempre entregues com atraso pelos alunos. (e) O jogador acabou sendo expulso pelo árbitro. (f) As ruas tinham sido limpas pela prefeitura. (g) As negociações de paz foram suspensas. (h) É inadmissível que outras espécies sejam extintas pelo homem.

7 (a) As cadeiras foram dispostas em círculo. > As cadeiras estão dispostas em círculo. (b) Os impostos foram incluídos no preço. > Os impostos estão incluídos (*or* inclusos) no preço. (c) As luzes do palco foram acesas. > As luzes do palco estão acesas. (d) As raízes da planta foram imersas em água. > As raízes da planta estão imersas em água. (e) Os pneus do carro foram gastos. > Os pneus do carro estão gastos. (f) Todas as janelas foram abertas. > Todas as janelas estão abertas.

18 Use of the tenses

1 (1) trabalha; (2) levanta; (3) faz; (4) toma; (5) prepara; (6) come; (7) bebe; (8) vai; (9) escuta; (10) dirige; (11) lê; (12) dá; (13) tem; (14) precisa; (15) pede; (16) está; (17) assiste; (18) folheia; (19) fica; (20) prefere; (21) sai; (22) dorme

2 (1) trabalho; (2) levanto; (3) faço; (4) tomo; (5) preparo; (6) como; (7) bebo; (8) vou; (9) escuto; (10) dirijo; (11) leio; (12) dou; (13) tenho; (14) preciso; (15) peço; (16) estou; (17) assisto; (18) folheio; (19) fico; (20) prefiro; (21) saio; (22) durmo

3 (a) vemos – vimos; (b) vem – veio; (c) traz – trouxe; (d) faço – fiz; (e) foi – é; (f) saem – saíram; (g) foram – vão; (h) pus – ponho

4 (1) nasce; (2) herda; (3) abdica; (4) volta; (5) fica; (6) é; (7) assume; (8) instrui-se; (9) casa-se; (10) Têm; (11) sobrevivem; (12) mantém; (13) percorre; (14) viaja; (15) traz; (16) é; (17) dá-lhe; (18) vai; (19) morre; (20) são

5 (a) estuda; (b) tenho dormido; (c) moramos; (d) vejo; (e) esperam *or* estão esperando; (f) têm brigado; (g) vem; (h) tem sido

6 (1) trabalhava; (2) levantava; (3) fazia; (4) tomava; (5) preparava; (6) comia; (7) bebia; (8) ia; (9) escutava; (10) dirigia; (11) lia; (12) dava; (13) tinha; (14) precisava; (15) pedia; (16) estava; (17) assistia; (18) folheava; (19) ficava; (20) preferia; (21) saía; (22) dormia

7 (1) Eram; (2) saí; (3) fazia; (4) Era; (5) iam; (6) estava; (7) peguei; (8) tive; (9) esperava; (10) comprei; (11) vendia; (12) chegou; (13) paguei; (14) segui; (15) havia; (16) levei; (17) fazia; (18) queria; (19) estacionei; (20) começou

8 (a) Os avós do Rodrigo falavam italiano. (b) O aviador brasileiro, Santos Dumont, era um homem brilhante. (c) Ayrton Senna foi campeão mundial pela primeira vez em 1988. (d) Moramos em Curitiba durante (*or* por) três anos. (e) A Susana nasceu em Porto Alegre, onde o pai dela trabalhava como professor. (f) Fui a Salvador várias vezes quando morava no Brasil. (g) O banco abria às dez, mas naquele dia abriu um pouco mais tarde. (h) Achei o livro mais interessante do que eu esperava.

9 (1) visitará; (2) reunirá; (3) reunirão; (4) participará; (5) estarão; (6) manterá

10 (a) Eles vão chegar (*or* chegam) na sexta-feira. (b) Um dia você vai se arrepender (*or* se arrepende). (c) Vamos ajudar quem precisar. (d) Vou entrar (*or* Entro) em contato quando voltar da viagem. (e) Se acertar essa pergunta, ela vai ganhar (*or* ganha) um carro. (f) Temos certeza de que vocês vão se divertir muito.

11 (1) tiraria; (2) passaria; (3) daria; (4) subiria; (5) manteria; (6) afetaria; (7) perderia; (8) cairia

12 (a) Ele disse que voltava/ia voltar no final do mês. (b) Se eu ganhasse na loteria, comprava/ia comprar um helicóptero. (c) O que você fazia/ia fazer na minha situação? (d) O candidato garantiu que não aumentava/ia aumentar os impostos. (e) A nova lei acabava/ia acabar com o comércio de armas. (f) Se fosse assim, ele tinha/ia ter nos avisado. (g) Acho que eu não aguentava/ia aguentar tanta pressão. (h) Por que é que eles punham/iam pôr em risco a vida dos próprios filhos?

13 (a) Márcia tem trabalhado muito ultimamente.
(b) Júlio tem emagrecido recentemente.
(c) Mariana tem viajado para vários países nos últimos dias.
(d) Cristina tem economizado muito dinheiro.
(e) Miguel tem lido os livros de Tolkien.
(f) Martin tem comprado muitos jogos de videogames.

19 The infinitive

1 (a) *no preposition*; (b) a; (c) em; (d) de; (e) a; (f) de; (g) a; (h) em; (i) *no preposition*; (j) de; (k) a; (l) para

2 (a) Eu mandei eles voltarem mais tarde. (b) Pediram para o homem (*or* o cara) sair (do lugar). (c) O cliente está dizendo (*or* falando) que pagou a conta há duas semanas (atrás). (d) Deixa eu esclarecer (*or* explicar) alguns pontos. (e) Quando encontraram o pai morto, ligaram para a polícia. (f) A gente deixou eles (*or* Nós deixamos eles) dormirem lá em casa.

3 (a) almoçarem; (b) chegar; (c) descobrir; (d) poderem; (e) descermos; (f) enviar; (g) tomarem; (h) brincarem; (i) escreverem; (j) terminarem

4 (a) Estou torcendo para esses dois personagens ficarem juntos no final da novela. (b) É impossível (nós) aceitarmos estas condições. (c) A possibilidade de tal coisa acontecer é mínima. (d) Sinto muito você não ter gostado da apresentação. (e) Como é que ele conseguiu fugir sem vocês perceberem? (f) Você deve ficar sentado em silêncio até os outros terminarem a prova. (g) É importante vocês dizerem o que acham. (h) Ele segurou a minhã mão para eu não cair. (i) É surpreendente ele ter feito uma coisa dessas. (j) O policial mandou os curiosos se afastarem.

5 (a) ter roubado; (b) ter conhecido; (c) ter(em) roubado; (d) ter lido; (e) ter vindo; (f) ter comprado; (g) ter causado; (h) ter mentido; (i) ter recebido; (j) ter batido

6 (a) Fumar; (b) pensar; (c) mandando; (d) importunar; (e) pulando; (f) começar; (g) conversando; (h) Ser; (i) batendo; (j) ir

7 (a) gostar de (comprar/comprarmos/comprarem)
(b) acabar de (comprar/comprarmos/comprarem)
(c) pedir para (comprar/comprarmos/comprarem)

(d) pensar em (comprar/comprarmos/comprarem)
(e) começar a (comprar/comprarmos/comprarem)
(f) deixar de (comprar/comprarmos/comprarem)
(g) lembrar-se de (comprar/comprarmos/comprarem)
(h) esquecer-se de (comprar/comprarmos/comprarem)

8

(a) Ao chegarmos na festa começou a chover muito.
(b) Ao chegar/Ao chegarmos/Ao chegarem
(c) Ao ficar/Ao ficarmos/Ao ficarem
(d) Ao passar/Ao passarmos/Ao passarem
(e) Ao contar/Ao contarmos/Ao contarem
(f) Ao trabalhar/Ao trabalharmos/Ao trabalharem
(g) Ao ir/Ao irmos/Ao irem
(h) Ao sair/Ao sairmos/Ao saírem
(i) Ao estar/Ao estarmos/Ao irem
(j) Ao assistir/Ao assistirmos/Ao assistirem
(k) Ao aprender/Ao aprendermos/Ao aprenderem
(l) Ao parar/Ao pararmos/Ao pararem

9

(a) pedir, usar, descobrir   (f) assistir
(b) lavar   (g) levar
(c) encontrar   (h) descascar
(d) falar   (i) construir
(e) viajar   (j) ir

20 The subjunctive

1

(a) É provável que chova mais tarde. (b) Recomendo que vocês procurem um advogado. (c) O meu medo é que o teto caia. (d) É preocupante que as crianças leiam pouco. (e) Duvido que ele consiga convencê-los. (f) Por mais tímida que ela seja, é uma excelente professora. (g) Onde quer que vá, a atriz é assediada por fotógrafos. (h) Estamos procurando um restaurante que sirva comida vegetariana.

2

(a) Era provável que chovesse mais tarde. (b) Eu recomendei que vocês procurassem um advogado. (c) O meu medo era que o teto caísse. (d) Era preocupante que as crianças lessem pouco. (e) Eu duvidava que ele conseguisse convencê-los. (f) Por mais tímida que ela fosse, era uma excelente professora. (g) Onde quer que fosse, a atriz era assediada por fotógrafos. (h) Estávamos procurando um restaurante que servisse comida vegetariana.

3

(a) tiverem; (b) quiser; (c) pedir; (d) forem; (e) decidirmos; (f) souberem; (g) acontecer; (h) for

(a) They're going to get in touch as soon as they have some news to give us. (b) You can complain as much as you want/like, I'm not going to change my mind. (c) I'm not going back there until he apologizes (*literally*: as long as he doesn't apologize). (d) If you go to São Paulo by car, I'll get a lift/ride. (e) They will accept what we decide. (f) My parents will be surprised when they find out/hear about this. (g) If anything unforeseen happens, I'll call you. (h) Whoever it is/may be, the next leader of the country will have to face a lot of problems.

4

(a) . . . para que vocês entendam. (b) . . . sem que os pais soubessem. (c) . . . que ele tenha esquecido. (d) . . . depois que a reforma for concluída. (e) . . . que os manifestantes invadissem o tribunal. (f) . . . antes que os convidados chegassem. (g) . . . que os candidatos dominem o inglês. (h) . . . que você não vá. (i) . . . que vocês não tenham gostado. (j) Ela pediu que (nós) não contássemos nada para ninguém

5 (a) entenda; (b) gosta; (c) entende; (d) fizer; (e) tiram; (f) quiserem; (g) tirarem; (h) precisássemos; (i) queriam; (j) precisávamos

6 (a) chegasse; (b) chova; (c) ouvir; (d) dê; (e) pagassem; (f) puderem; (g) surja; (h) quisesse

(a) She couldn't sleep until her son got home (*literally*, as long as her son didn't get home). (b) Let's get the clothes in off the line before it rains. (c) I'll remember you whenever I hear this song/music. (d) You can eat the chocolate provided/as long as you give half to your brother. (e) I wouldn't live in that house even if they paid me. (f) They want to get married as soon as they can. (g) We should finish everything by Friday unless anything unforeseen comes/crops up. (h) He knew he was wrong although he didn't want to admit it.

7

(a)	Vá	(f)	Descanse
(b)	Empreste	(g)	Pusessem
(c)	Faça	(h)	Saia
(d)	Limpe	(i)	Coma
(e)	Ajudássemos	(j)	Usem

8 Aconselho que você tenha um corretor de imóveis.
Sugiro que procure uma casa em um bairro seguro.
Recomendo que escolha um bairro com boas escolas.
Insisto que preste atenção nos banheiros, na cozinha e na garagem.
É melhor que compare diversas casas e preços.
Aconselho que fale com os vizinhos sobre a casa.
Recomendo que o local seja bom.

9

(a)	ande	(h)	mudem
(b)	vendam	(i)	tenham
(c)	saiam	(j)	diga
(d)	possam	(k)	goste
(e)	faça	(l)	possam
(f)	diga	(m)	desista
(g)	tenham	(n)	acorde

10 Fill in the blanks with the correct form of the Future Subjunctive of the verbs in parentheses.

(a)	quiser	(e)	der
(b)	entrar	(f)	souber
(c)	pudermos	(g)	chegar
(d)	quiser	(h)	tiverem

11 (These are just suggestions of responses)

(a) Comprarei uma Ferrari se eu ganhar na loteria.
(b) O meu irmão conseguirá um emprego se ele se formar.
(c) A minha irmã passará nos exames se ela estudar a noite toda.

(d) Eu venderei o carro se eu receber uma boa proposta.

(e) Os meus tios virão nos visitar se fizer bom tempo.

(f) Eu farei uma viagem à Europa se conseguir dinheiro.

(g) Irei à Europa depois que terminar.

(h) Comprarei um carro novo quando economizar dinheiro suficiente.

(i) Sairei de casa depois que alugar um apartamento.

(j) Meus pais vão ficar em Fortaleza quando visitarem o Nordeste do Brasil.

(k) Lucas vai visitar o Palácio do Planalto quando for a Brasília.

(l) Nós escreveremos para o jornal depois que o editor aprovar a reportagem.

12

(a) Ela quis que eu ficasse.

(b) Duvidei que você viesse.

(c) Fiz questão que vocês me escutassem.

(d) Não quis/queria que você fosse.

(e) Exigimos que ele nos ouvisse.

(f) Era melhor que você não viesse.

(g) Queria que você fizesse as malas.

(h) Era provável que ela viesse.

(i) Gostava de você, embora você não gostasse de mim.

13

(a) O que você faria se fosse milionário?

(b) O que você faria se fosse presidente do seu país?

(c) Como se sentiria se não precisasse dormir?

(d) O que você faria se tivesse tempo livre?

(e) Aonde iria se pudesse nadar como um peixe?

(f) O que você faria se não trabalhasse?

(g) Para onde você iria de tivesse uma passagem para qualquer lugar do mundo?

(h) Que animal você gostaria de ser?

14

(a) fosse, levaria

(b) aceitaria, fosse

(c) fossem, ligaria, falaria

(d) fosse, haveria

(e) faltasse, seria

21 The imperative

1

(a) Me passa o sal. (b) Abre a porta para mim. (c) Sobe aqui um pouco. (d) Vem amanhã. (e) Põe as compras na cozinha. (f) Vai ao supermercado comprar leite. (g) Me diz a verdade. (h) Liga para mim.

2

(1) Vire; (2) Esvazie; (3) introduza; (4) fixe; (5) Proceda; (6) Comece; (7) force; (8) encha-a; (9) localize; (10) Marque; (11) esvazie; (12) lixe; (13) passe; (14) deixe; (15) coloque; (16) Encha; (17) reponha; (18) reencaixe

3

(a) Sentem-se e fiquem; (b) comecem; (c) Mantenham; (d) conversem; (e) Respondam; (f) Escrevam; (g) releiam-na e corrijam; (h) esqueçam

4

(a) ponha-o; (b) refogue-a; (c) deixem-nos; (d) polvilhe-as; (e) abra-o; (f) repita-a; (g) traduzam-nas; (h) tenha-as; (i) elogie-o, dê-lhe

22 Reflexive verbs

1

(a) se machucou/machucou-se; (b) se arrepender; (c) me encontrar; (d) nos divertimos; (e) se maquiava; (f) se lembram; (g) se conteve; (h) se recusaram; (i) se opõem; (j) me surpreendi

2

(a) 4; (b) 3; (c) 1; (d) 5; (e) 2; (f) 3; (g) 5; (h) 1; (i) 2; (j) 4

3

(a) French is not studied at school anymore./People don't study French . . . (b) Rooms for rent. (c) Such actions cannot be justified. (d) Within the company there is talk of lay-offs. (e) The author of the play is presumed to be Shakespeare./It is presumed that . . . (f) Shoes repaired. (g) English teacher wanted. (h) Note that the days of the week are spelt with a small letter in Portuguese. (i) You shouldn't swim straight/right after a meal. (j) There's no accounting for taste (*literally*, Tastes are not discussed).

4

(a) Nós nos divertimos ontem à noite./A gente se divertiu . . . (b) Essa/aquela fruta se chama graviola em português. (c) Eles se amam muito. (d) Eu me machuquei quando caí./ . . . quando levei um tombo. (e) Eles só pensam neles mesmos. (f) Cada um deve cuidar de si mesmo. (g) Ela se culpa pelo que aconteceu./Ela culpa a ela mesma . . . (h) Só se pode contar consigo mesmo.

23 *Ser, estar* and *ficar*

1

(a) são; (b) está; (c) foi; (d) é; (e) ficar; (f) Está; (g) está; (h) fica/é; (i) está; (j) estão; (k) fiquei; (l) Fui; (m) são – é – é; (n) estava; (o) é; (p) ficar; (q) estávamos; (r) São; (s) ser; (t) estão

2

(a) O evento foi um grande sucesso. (b) O jantar estava delicioso. (c) A Sandra era a minha melhor amiga quando eu era criança. (d) A festa estava chata e por isso voltamos para casa cedo. (e) A minha vida tem sido muito estressante ultimamente. (f) Foi uma noite maravilhosa. (g) O Caio já esteve na Europa duas vezes. (h) A sua mãe foi muito gentil comigo. (i) Quem era no telefone? (j) Quem foi que ligou/telefonou?

3

(a) I'm not one to lose my patience. (b) The plane was due to depart when the airport was closed because of the rain. (c) We're supposed to wait here. (d) The mystery has yet to be solved. (e) I had a spot on the end of my nose. (f) They called (out) my name, but I pretended it wasn't me/. . . they didn't mean me. (g) I am the one who should apologize. (h) I don't have a computer at the moment. (i) Destroying our planet is what we're doing. (j) Complaints are dealt with by Customer Service. (k) Have you got your mobile/cell phone on/with you? (l) The teapot is silver.

4

(a) Eu estava com muita fome. (b) (Eu) fico com sono depois do almoço. (c) Quando vi o cachorro, fiquei com medo. (d) Você está com ciúme(s)! (e) Estou ficando com frio, vamos para casa. (f) Estou com sede. (g) Você não está com calor nessa jaqueta? (h) Não fique com vergonha.

5

(a) They keep asking me the same questions. (b) I was there surfing the Internet all day long./I've been surfing . . . (c) (The) children cannot be left alone at home. (d) If we order eight samosas, we'll get two each. (e) It's getting late. Let's go home. (f) We arranged to see each other tomorrow. (g) They always stay at the Copacabana Palace when they are in Rio. (h) I drank too fast and got hiccups. (i) The cake turned out better than I expected. (j) Are you going to keep these/those old magazines?

6

(aa)	fica	(nn)	é, é
(bb)	está	(oo)	está, é/fica
(cc)	é/fica	(pp)	é, sou, sou, estou
(dd)	é	(qq)	é
(ee)	são	(rr)	é
(ff)	estão	(ss)	estão, estamos
(gg)	está, é	(tt)	é/fica, é
(hh)	estão	(uu)	é, está, está, é
(ii)	são, somos	(vv)	está
(jj)	é, fica	(ww)	está, é
(kk)	está	(xx)	são
(ll)	estão	(yy)	é/fica, é
(mm)	é, é	(zz)	é, estão

24 Verbs used in auxiliary, modal and impersonal constructions

1 (a) Go on ahead, I'll catch you up afterwards. (b) That/this decision proved/turned out to be the most important of her life. (c) I ended up giving up and going back home./I eventually gave up . . . (d) You may come to regret having given up/giving up your studies. (e) The employees/staff have been complaining for some time now. (f) As the plane climbs, the cabin pressurizes. (g) Are you leaving already? But you've just got here! (h) God willing, they shall survive. (i) The technician/repairman came to fix the washing machine. (j) He's always hurting himself. (k) Tourism in Brazil has been growing in recent years. (l) I had just sat down to watch the game when the doorbell rang.

2 (a) Não consigo pronunciar essa palavra. (b) Você sabe esquiar? (c) Eles podem ter esquecido. (d) Posso deixar a minha bolsa aqui? (e) Pode ser um dicionário excelente, mas é muito caro. (f) O processo pode levar até quatro semanas. (g) Você podia ter me avisado, não é? (h) Podíamos/poderíamos/a gente podia ir a Petrópolis. O que é que você acha? (i) Ela não conseguiu bater o recorde. (j) Não sei ler alemão.

3 (a) Eu sempre quis subir no Pão de Açúcar. (b) A que horas o senhor/a senhora deseja tomar café? (c) Queríamos ficar mais um dia. (d) Você pode deixar as suas coisas aqui se (você) quiser. (e) Eu não queria ir, mas fui obrigado. (f) Eles me convidaram também, mas eu não quis ir. (g) Eu queria ter conhecido o Nordeste. (h) Você pode reclamar (o) quanto (você) quiser, eu não vou mudar a minha decisão.

4 (a) Tenho que terminar isso até amanhã. (b) Preciso ligar para o meu irmão. (c) Todos os candidatos devem preencher este formulário. (d) Devemos embarcar às 8h30 (oito e meia). (e) Você não devia/deveria ter deixado a janela aberta. (f) Eles devem ter ido/voltado para casa. (g) Tivemos que voltar para casa a pé/andando. (h) Não precisa reservar mesa.

5 (a) Dá; (b) há/faz; (c) Tem/há; (d) há/faz; (e) Faz; (f) Há/tem; (g) Faz/há; (h) dá

25 Prepositions

1 (a) com; (b) de; (c) por; (d) no; (e) a; (f) para; (g) de; (h) pelo; (i) ao (*colloquially also* no); (j) com; (k) para; (l) em; (m) de/do; (n) a; (o) de; (p) por; (q) para; (r) no; (s) de; (t) por

2 (a) nas/às quartas(-feiras); (b) em 1984; (c) à tarde/de tarde; (d) à noite/de noite; (e) no dia 22 de novembro; (f) uma viagem de quatro horas; (g) de manhã; (h) aos/com 20 anos de idade; (i) de dia; (j) às quatro horas da tarde; (k) daqui a dois meses; (l) em fevereiro; (m) na quinta(-feira); (n) no inverno; (o) três vezes por/ao dia; (p) hoje à noite

3 (a) sobre; (b) entre; (c) contra; (d) durante; (e) sem; (f) até; (g) Segundo; (h) sob

4 (a) por sua causa/por causa de você; (b) dentro da casa; (c) apesar da chuva; (d) depois da reunião (*more formally, also* após a reunião); (e) em vez de/ao invés de manteiga; (f) em direção à porta; (g) longe de casa; (h) atrás do sofá; (i) antes do café da manhã; (j) embaixo da cama (*more formal/literary, also* debaixo da cama); (k) abaixo de zero; (l) em frente da nossa/à nossa casa, na frente da nossa casa (*or* em frente de casa = *in front of/opposite home*); (m) em nome da empresa; (n) por cima do muro; (o) fora do Rio; (p) além das montanhas/da serra

5 (a) ao cinema; (b) à mesa; (c) a um colega; (d) ao professor; (e) ao aeroporto; (f) a São Paulo; (g) ao dentista; (h) aos domingos; (i) ao vizinho; (j) ao sinal vermelho.

26 Conjunctions

1 (a) Tanto o Rodrigo como o irmão (dele) falam inglês. (b) O restaurante serve não só sushi, mas também outras iguarias. (c) Não tem/há lugar nesse voo, (e) nem no próximo/no outro. (d) Podemos ir ou de avião ou de ônibus. (e) A língua/O idioma do Brasil não é o espanhol, mas sim o português/senão o português. (f) Nem os alunos nem o/a professor(a) ouviram o sino. (g) Vamos sair? Ou vamos ficar em casa? (h) A estrada é boa, mas, mesmo assim, a viagem leva/dura/demora seis horas.

2 (a) desde que; (b) Já que; (c) Toda vez que; (d) se bem que; (e) de forma que; (f) assim como; (g) enquanto; (h) só que; (i) Mal; (j) do que; (k) até que; (l) Quanto mais

3 (a) chegou; (b) chegasse; (c) reconhecesse; (d) reconheceu; (e) acabou; (f) acabasse; (g) durasse; (h) durou; (i) apareceu; (j) aparecesse

27 Word order

1 (a) Você sabe como funciona essa impressora? (b) Ele abriu lentamente/devagar a gaveta. (c) Ele fechou a porta lentamente/devagar. (d) Você pode me dizer onde fica/é o correio? (e) Ontem à noite caiu uma árvore na nossa rua. (f) Ela deu ao Gabriel o livro. (g) Ele deu o livro ao Gabriel. (h) Vai abrir um novo restaurante naquele prédio.

28 Word formation

1 (a) dorzinha; (b) macaquinho; (c) pazinha; (d) lapisinho; (e) verdinho; (f) fiozinho; (g) sonzinho; (h) papelzinho; (i) papeizinhos; (j) irmãozinho; (k) laguinho; (l) caminha; (m) creminho; (n) bebezinho; (o) irmãzinha; (p) vinhozinho

2

(a) The goalkeeper was hit by/with a bottle. (b) I had/took a little peep through the keyhole. (c) I'm going to pop out this afternoon. (d) The victim was stabbed to death. (e) Give a hoot on your horn when you arrive. (f) You should give the pan a stir from time to time. (g) He elbowed the opposing player. (h) She had a quick flick through the magazine.

Part B: Functions

29 Making social contacts

1

(1) Oi, tudo bem?/ Oi, como vai? (2) Tudo bem. Você conhece a Sandra? Ela é uma grande amiga minha. (3) Como vai (*or* está) a sua irmã? Ela já voltou do Canadá? (4) Manda um beijo para ela e fala para ela me ligar. (5) Está bom/Tá/Tudo bem. A gente se vê.

2

(1) Muito prazer (em conhecê-lo). O meu nome é (*your name*) e esse é o meu colega, Bob Randall, do nosso departamento de vendas. (2) Um café para mim, por favor. (3) Muito obrigado/a. Foi um prazer. (4) Obrigado/a, até logo.

3

(a) Oi, Paulo./Tudo bem, Paulo?/Fala Paulo! (b) Boa noite. Meu nome é (*your name*). (c) Dê as minhas lembranças à Dona Ruth. (d) Esse é o meu pai. (e) Manda um abraço ao seu irmão. (f) Minha mãe mandou um beijo. (f) Como está (*or* vai) a sua irmã? (h) O meu irmão está mandando um abraço. (i) A gente já se conhece. (j) (Tchau,) Até sexta. (k) Melhoras. (l) Parabéns!/Feliz aniversário!

4

(a) 8; (b) 6; (c) 1; (d) 7; (e) 3; (f) 5; (g) 4; (h) 2

5

(1) Alô, a Rita está, por favor? (2) Quem fala é o/a (*your name*). Sou amigo/a dela da Inglaterra. (3) Tudo (bem). (4) Você pede para a Rita me ligar? (5) Tem, sim. Obrigado/a. (6) (Um abraço,) Tchau.

6

(1) Alô. (2) Sou (*your name*), sou amigo/a do Bruno. (3) O Bruno saiu. Quer deixar um recado? (4) Eu acho que ele vai chegar por volta das seis (horas). (5) Está bom. Qual é o seu nome? (6) Está bom/Tá,vou falar para o Bruno que você ligou. (7) Tchau.

7

(1) Boa tarde, poderia me passar o departamento de marketing, por favor? (2) Meu nome é (*your name*), da empresa Star. (3) (*Your name spelt out.*) (4) Está bom, obrigado/a. (5) Boa tarde, meu nome é (*your name*). Queria falar com o gerente de marketing. (6) Eu queria marcar uma reunião com ele para apresentar os produtos da nossa empresa. (7) Tudo bem, então. Meu nome é (*your name*) e o meu telefone é sete-meia-cinco-quatro dois-um-zero-três/ setenta e cinco-cinquenta e quatro vinte e um-zero-três. (8) Obrigado/a, tchau, boa tarde.

8

(a) Qual é o DDD de Brasília? (b) Segunda não dá, vai ter que ser terça. (c) Eu estava aguardando e a ligação caiu. (d) Não consigo completar a ligação. (e) Ramal 206 (duzentos e seis/dois-zero-meia), por favor. (f) Só um minutinho. (g) Sexta-feira, dia 22 (vinte e dois) está bom para você? (h) Está ocupado.

9

(a) Querida tia; (b) Caro Eduardo; (c) Senhores/Prezados Senhores; (d) Prezada Professora Bárbara; (e) Querida Susana; (f) Prezado Sr. Alberto Cardoso

10

(a) 4; (b) 1; (c) 7; (d) 5; (e) 8; (f) 6; (g) 3; (h) 2

11

(1) Agradeço desde já/antecipadamente/a atenção, . . . (2) Atenciosamente/Cordialmente, . . . (3) Um abraço . . .

30 Basic strategies for communication

1 (1) Por favor! (2) Que sucos (você) tem/vocês têm? (3) Desculpa, dá para/você pode repetir mais devagar, por favor? (4) Como é (que é) 'hortelã' em inglês? (5) Interessante. Vou querer abacaxi com hortelã, por favor. (6) Como? (7) Ah, desculpa. Não entendi. Já almocei, sim. (8) Escuta/vem cá, eu queria te perguntar uma coisa. (9) É que eu estou procurando um lugar para morar . . . (10) Quero achar/encontrar um apartamento pequeno . . . (11) O que é que foi? O que significa/quer dizer essa palavra? (12) É, é isso que eu quero. (13) Bom, depende das pessoas e do aluguel, mas isso seria bom para o meu português! (14) Mentira! Não acredito! (15) Ótimo!

2 (1) quero falar sobre; (2) Em primeiro lugar; (3) Depois; (4) por último; (5) Pois bem. (6) No que se refere ao; (7) ou seja; (8) Isso significa que; (9) tais como; (10) Além disso

3 (a) Bom; (b) Olha; (c) É que; (d) Quer dizer; (e) Aliás; (f) Bom; (g) Na verdade; (h) Ou seja; (i) Aliás; (j) (O negócio) é o seguinte

31 Asking questions and responding

1 (a) Foi (sim). (b) Vamos. (c) Fala (sim). (d) Posso. (e) Gostam (sim). (f) Tive sim. (g) Fomos (sim). (h) Vim (sim). (i) Falou. (j) Quero.

2 (a) Não foi (não). (b) Não vamos (não). (c) Não fala (não). (d) Não posso (não). (e) Não gostam não. (f) Não tive (não). (h) Não vim não. (i) Não falou (não). (j) Não quero (não).

3 (a) Você é solteiro? (b) Você tem filhos? (c) A sua esposa trabalha? (d) Vocês moram no Rio? (e) Vocês gostam de morar no Rio? (f) Você fala português?

4 (a) Quantos metros quadrados tem o apartamento?/O apartamento tem quantos metros quadrados? (b) Em que (*or* qual) andar é/fica?/É/fica em que andar? (c) Que móveis tem? (d) Como é o bairro? (e) Quanto é (o aluguel) por mês? (f) Quando (é que) posso vê-lo? (g) Quais os papéis que eu preciso apresentar? (h) Quem (é que) mora/está morando lá atualmente?

5 (a) De onde é que você é?/Você é de onde? (b) Quando é que você chegou no Brasil?/Você chegou no Brasil quando? (c) O que é que ele disse?/Ele disse o quê? (d) Por que é que ele saiu da empresa?/Ele saiu da empresa por quê? (e) Como é que vocês se conheceram?/Vocês se conheceram como? (f) Quanto é que temos que pagar?/Temos que pagar quanto? (g) Aonde é que vai esse ônibus?/Esse ônibus vai aonde? (h) Qual é que eu devo comprar?/Eu devo comprar qual?

6 (a) Será que eles entendem português? (b) Onde será que eles foram? (c) Será que ele se perdeu? (d) Quando será que ela volta? (e) Será que não é melhor ir de táxi? (f) O que será que aconteceu com a Lúcia? (g) Será que deveríamos contar para ela? (h) Por que será que ela não quis vir?

7 (a) Por favor, o senhor sabe/pode me dizer onde fica . . .? (b) Por favor, você sabe/pode me dizer qual é . . .? (c) Por favor, a senhora sabe/pode me dizer como funciona . . .? (d) Por favor, você sabe/pode me dizer quanto tempo leva . . .? (e) Por favor, você sabe/pode me dizer que horas abre . . .? (f) Por favor, o senhor pode me dizer qual a diferença entre . . .

8 (a) Claro que sim. (b) Claro/Lógico que não. (c) De jeito nenhum. (d) Com certeza./Sem dúvida. (e) Imagina! (f) Claro que já./Claro que ouvi falar nele. (g) Deus (que) me livre! (h) Claro.

32 Negating

1

(a) unforgettable; (b) untangling; (c) unbelievable; (d) unfasten, unbuckle; (e) had their roofs blown off; (f) painless; (g) uninhibited; (h) I'm tearing my hair out; (i) unshakeable; (j) unmasked

33 Reporting

1

Eu vi o Pedro há duas semanas atrás, e ele me disse que ele ia sair da empresa onde trabalhava, porque não aguentava mais o chefe dele. Ele estava procurando trabalho pela Internet e já mandou (*or* tinha mandado) o currículo para algumas empresas. Ele precisava arrumar um emprego logo, porque estava sem dinheiro. Os pais dele iam emprestar dinheiro para ele (para) pagar o aluguel, mas ele ia devolver o dinheiro deles assim que pudesse.

2

(a) Ela disse que (eles) abrem novas turmas todo mês. (b) Ela disse que você vai fazer um teste quando você chegar lá para eles determinarem o seu nível de inglês. (c) Ela disse que a escola vai providenciar um lugar para você morar com uma família inglesa. (d) Ela disse que você pode se matricular pela Internet. Eles têm uma página em português no site deles. (e) Ela disse que, se você pagar um sinal, vai receber uma carta que (você) pode apresentar quando entrar no país. (f) Ela disse que você pode pagar o sinal com cartão de crédito.

3

Eu perguntei/queria saber . . . (a) quantas novelas ela já fez. (b) como era a personagem dela na nova novela. (c) se ela se identificava com a personagem. (d) quando a nova novela ia estrear na TV. (e) se ela gostava de se ver na televisão. (f) quem era o galã predileto dela. (g) quais eram os planos dela para o futuro. (h) se era verdade que ela ia se aposentar da telinha depois dessa novela.

4

O Tiago falou/disse que não podia mais esperá-la e que ia voltar para a terra dele. A Rosana implorou para ele não ir embora e pediu/falou/disse para ele ficar só mais um pouquinho. Ela falou/disse que ia se separar do marido e que eles iam poder ir embora juntos. O Tiago falou/disse/respondeu que fazia tempo que ela estava dizendo aquilo e perguntou por que ela não se separava do marido logo de uma vez. A Rosana respondeu que não era tão simples assim. O marido dela ia ficar arrasado, ele não tinha culpa de nada e ela não queria magoá-lo. O Tiago falou/disse que ela ia ter que fazer uma escolha, ou ele ou o marido dela. Ele falou que não conseguia mais viver naquela incerteza e, se ela não quisesse magoar o marido, ela devia ficar com ele, e ele, o Tiago, ia embora para sempre. Ele falou que, se ela quisesse ficar com ele, ela ia acabar magoando o marido mais cedo ou mais tarde. No caso, era melhor que fosse logo. A Rosana pediu/implorou para ele esperar mais uma semana, mas ele perguntou que diferença ia fazer uma semana.

5

(a) Ele pediu para eu molhar as plantas de vez em quando. (b) Ele falou para eu levar o lixo para baixo e jogar na lixeira. (c) Ele quer que eu pague a faxineira que vem nas quartas. (d) Ele me pediu para pegar a correspondência dele com o porteiro. (e) Ele me mandou não deixar as janelas abertas quando saio. (f) Ele me lembrou de sempre manter a porta trancada. (g) Ele sugere que eu me apresente à vizinha (, que, segundo ele, é muito legal). (h) Ele recomenda que eu chame o porteiro se surgir algum problema com o apartamento.

34 Asking and giving personal information

1

Example: Oi, meu nome é John Whitlam. Sou inglês, de Londres. Nasci no dia 8 de novembro de 1960. Sou casado e trabalho como escritor.

2 (a) Qual é o seu nome? (b) Qual é o seu sobrenome? (c) Você é de que nacionalidade? (d) Você é de que cidade/estado? (e) Em que data você nasceu?/Você nasceu em que data? (f) Você é solteiro/a? (g) Qual é a sua profissão?/O que você faz na vida?

3 (a) O nome dele é Kyle Anderson. Ele é australiano, de Melbourne. Ele nasceu no dia 21 de setembro de 1986. Ele mora em Sydney. Ele é casado e trabalha como engenheiro. Ele é casado com uma brasileira (A esposa dele é brasileira) e tem dois filhos. Ele pratica surfe.
(b) O nome dela é Lola Sánchez. Ela é espanhola, de Valladolid. Ela nasceu no dia 6 de maio de 1990. Ela mora em Madri. Ela é solteira e estuda Direito. Ela quer fazer um estágio num escritório de advocacia em São Paulo. Ela dança flamenco.

4 *Example*: Oi, meu nome é Linda. Sou inglesa. Fiz 22 anos (na) semana passada e sou solteira. Nasci em Norwich, mas agora moro em Durham, onde estudo na faculdade. Trabalho nos fins de semana como garçonete. Estou estudando português e espanhol, e quero treinar meu português.

35 Identifying people and things

1 (1) Você é a Fabiana? (2) Sou (*your name*) e essa é a minha colega, Julie Ryan.

2 (1) O senhor é o senhor (*or* seu) Roberto, pai da Sônia? (2) Sou. Sou amigo/a da Sônia. (3) Tudo bem. E o senhor?

3 (1) Quem é ele? (2) Esse é o meu irmão. E esse é meu outro irmão com meu primo. (3) Qual é o seu irmão? (4) O da esquerda. (5) Quem são essas pessoas? (6) Essa é a minha turma na faculdade. (7) E quem é o senhor de óculos? (8) (Esse) é o nosso professor de português. (9) Ele é brasileiro? (10) É, ele é de Campinas. (11) É quem são eles? (12) Esses são os meus pais com uns amigos deles. (13) Quais são os seus pais? (14) Meu pai é o alto de bermuda e minha mãe é a loura de vestido azul. (15) Eles parecem ser simpáticos.

4 (1) Por favor/Com licença, senhora. Esse é o ônibus para Copacabana? (2) Qual? O amarelo? (3) O azul? (4) Tá (bom), obrigado/a.

36 Describing

1 Tenho 25 anos e 1,82 (um metro e oitenta e dois) de altura. Sou magro, com cabelo preto e pele morena. Estou usando (*or* Estou com) uma camisa polo vermelha e uma calça jeans. Estou com óculos de sol e uma mochila cinza.

2 (a) Como ela é (fisicamente)? (b) Qual é a cor do cabelo dela? (c) Qual é a cor dos olhos dela? (d) Ela é bonita? (e) Quantos anos ela tem? (f) Que tipo de pessoa ela é? (g) Ela é extrovertida? (h) Ela tem amigos legais?

3 (1) era; (2) tinha; (3) estava usando/estava com; (4) estava de; (5) tinha; (6) tinha; (7) tinha/estava com; (8) tinha/estava com; (9) estava; (10) Foi.

(a) O tamanduá é um mamífero quadrúpede. (b) Ele tem um focinho fino e comprido, um corpo peludo e magro e um rabo que parece um espanador de pó. (c) O tamanduá não tem dentes. (d) A língua do tamanduá é fina, comprida e gosmenta. (e) As patas dianteiras do tamanduá têm três dedos e garras poderosas. (f) O tamanduá mede/tem 1,20 metro de comprimento. (g) A cauda tem de 60 a 90 centímetros (de comprimento). (h) Os tamanduás são muito comuns no Brasil./O tamanduá é muito comum no Brasil.

4 (1) Foi; (2) Foi; (3) Foram; (4) estava; (5) era; (6) estava; (7) Era; (8) estava; (9) eram; (10) estava; (11) é; (12) estava; (13) estava; (14) foi; (15) Foi

37 Making comparisons

1 (a) O Dicionário Cruzeiro tem mais verbetes do que o Dicionário Ponte, não é? (b) O Dicionário Cruzeiro contém menos exemplos de uso do que o Dicionário Ponte, não é? (c) O Dicionário Ponte foi publicado mais recentemente do que o Dicionário Cruzeiro, não é? (d) O Dicionário Cruzeiro é mais barato do que o Dicionário Ponte, não é? (e) O formato do Dicionário Ponte é maior do que o do Dicionário Cruzeiro, não é? (f) Segundo os clientes, o Dicionário Ponte é melhor do que o Dicionário Cruzeiro, não é?

2 (1) menor do que; (2) maior; (3) menos; (4) do que; (5) maior do que; (6) mais; (7) do que; (8) mais; (9) do que; (10) maior/mais alto; (11) mesma; (12) tão; (13) quanto/como

3 (a) Ele comeu tanto quanto/como eu. (b) Eu tenho tantos amigos quanto/como ela. (c) O custo de vida no Brasil é quase tão caro quanto/como nos EUA. (d) Nós sofremos tanto quanto/como eles. (e) Ele não acertou tantas perguntas quanto/como eu. (f) Eu não sou tão forte quanto/como o Rafael. (g) O português do Brasil não é tão difícil quanto/como o português de Portugal. (h) Hoje não tem tanto trânsito quanto/como ontem.

4 (a) São Paulo é a maior cidade da América do Sul. (b) O Amazonas é o rio mais extenso do Brasil. (c) O Monte Everest é a montanha mais alta do mundo. (d) A Bíblia é o livro mais vendido de todos os tempos. (e) A China é a economia que mais cresceu nas últimas decadas. (f) O italiano é a língua românica que mais se parece com o latim. (g) A Região Centro-Oeste é a região menos populosa do Brasil. (h) O japonês é o povo que mais come peixe no mundo. (i) Os melhores vinhos do mundo são os franceses. (j) O deserto do Atacama é o lugar onde menos chove no planeta.

38 Expressing existence and availability

1 (a) tem; (b) tinha; (c) vai ter/tem; (d) Tem; (e) teve; (f) Tinha; (g) tiver; (h) tem

2 (a) há; (b) houve; (c) havia; (d) houvesse; (e) haja; (f) houver; (g) há; (h) havia

3 (1) Bom dia. Estou ligando para saber se tem disponibilidade nos dias 10 e 11 de março. (2) Somos três (pessoas). Tem quarto para três pessoas? (3) Os quartos para duas pessoas têm banheiro? (4) Tem restaurante na pousada? (5) Tem restaurantes por perto? (6) Tem praia em Parati?

39 Expressing location and distance

1 (a) está – está; (b) é/fica – É/Fica; (c) estão – estão; (d) é/fica – É/Fica; (e) fica/é – fica/é; (f) está – Está; (g) é/fica – É/Fica; (h) são/ficam – são/ficam

2 (a) Cadê a Rita? (b) Cadê o meu celular? (c) Cadê as moedas que deixei aqui? (d) Cadê ela?

3 (a) O concerto vai ser no Teatro Municipal. (b) Você é de que lugar do Brasil? (c) O hotel está localizado perto da praia. (d) Em que altura da Avenida Rio Branco fica/é o correio? (e) A ilha está situada (*or, formally,* se situa/situa-se) a 2 km do continente. (f) A Copa do Mundo de 2014 foi no Brasil.

4

(a) atrás; (b) no fundo; (c) em frente; (d) ao lado; (e) embaixo; (f) longe; (g) em cima; (h) entre

5

(a) Brasília fica/é a uma hora e 40 minutos de avião do Rio. (b) Brasília fica/é a mil quilômetros de São Paulo. (c) Brasília fica/é a 12 horas de ônibus de Belo Horizonte. (d) Brasília fica/é a 200 quilômetros de Goiânia. (e) A que distância fica/é Brasília de Manaus? (f) Quantas horas são daqui a Brasília de carro?

40 Expressing possessive relations

1

(a) (O) meu cabelo é liso, o seu é encaracolado. (b) (Os) seus olhos são azuis, os meus são verdes. (c) (As) minhas mãos são grandes, as dela são pequenas. (d) (A) nossa casa é moderna, a de vocês é antiga. (e) O carro de vocês é novo, o nosso é velho. (f) (Os) nossos filhos são exemplares, os deles são problemáticos. (g) As roupas delas são lindas, as minhas são horríveis. (h) O gênio dela é forte, o dele é pior.

2

(a) Não, aquela bolsa é a sua, essa é a minha. (b) *no article*; (c) Mas essa casa não é a nossa. (d) *no article*

3

(a) Esse carro é seu, senhor? – Não, não sei de quem é. Aquele ali é o meu. (b) Essa mesa é a nossa? – Não, a de vocês é aquela redonda. (c) Aquele cachorro com que a Júlia passeava é dela? – Não, é do namorado dela. (d) Vou te mostrar as minhas fotos da festa, e quero ver as suas. – Tudo bem, mas acho que as suas ficaram melhores do que as minhas. (e) Pedro e Lúcia moram nessa rua. Será que esse prédio é o deles? – Não, o deles fica na esquina. (f) Essas cadeiras são de vocês? – Não, são do antigo dono. (g) De quem são esses óculos? – Devem ser os da Sandra, os meus estão aqui comigo. (h) Que xícaras lindas! – Pois é, eram da minha avó.

4

O empresário Ricardo Teixeira e sua esposa estavam na frente de sua casa quando foram abordados por dois homens armados. Ricardo conta que sua esposa teve a bolsa roubada e que levaram o celular dele (*seu* would be potentially ambiguous here). A bolsa foi encontrada mais tarde na rua do lado, com seu conteúdo intacto.

5

(a) Ele se parece com a mãe. (b) Tirei os óculos. (c) Você pode abrir os olhos agora. (d) A própria irmã (dele) não o reconheceu. (e) Eu me sinto (como) um estrangeiro no meu próprio país. (f) Eles deveriam/deviam cuidar dos próprios problemas. (g) O cachorro empinou as orelhas. (h) Colocamos/Pusemos/Vestimos o casaco.

41 Expressing changes

1

(a) O céu ficou escuro . . . (b) . . . estamos ficando velhos. (c) Eles ficaram impressionados . . . (d) Ele ficou rico . . . (e) Ela fica emocionada . . . (f) Aqui fica frio . . . (g) . . . para ficar quente. (h) Ela ficou grávida . . .

2

(a) I'm getting hungry. (b) You look lovely with short hair. (c) This green will look great in the bathroom. (d) I was shocked when I heard/found out. (e) Don't be sad. (f) She'll be happy at the news. (g) Those trousers/pants are too small for you. (h) This cheese is really nice/good/goes down really well with a glass of wine.

3

(a) A nova tecnologia torna a energia solar mais viável. (b) A chuva deixou a calçada escorregadia. (c) Um empresário transformou o velho cinema em boate. (d) Esse xampu deixa meu cabelo brilhoso. (e) A abertura do mercado tornou as passagens aéreas mais acessíveis. (f) O novo prefeito vai transformar a cidade num polo de turismo cultural.

4 (a) se converteu/converteu-se; (b) se transformando/transformando-se; (c) virou; (d) se tornou/tornou-se; (e) ser; (f) se transfigura/transfigura-se. (The alternatives with the reflexive pronoun placed after the verb are more formal-sounding than those with the pronoun placed before the verb.)

5 (a) (O) meu pai transformou a garagem em escritório. (b) Eu fiz da garrafa um abajur. (c) Ela está se tornando uma atleta de primeira categoria. (d) O vinho me deixou tonto.

42 Expressing cause, effect and purpose

1 (a) 5; (b) 6; (c) 8; (d) 7; (e) 1; (f) 4; (g) 2; (h) 3

2 (a) Como não temos carro, fazemos compras perto de casa. (b) Eles desistiram da compra, pois não confiavam no vendedor. (c) Somos obrigados a cancelar o projeto, visto que vocês não estão dispostos a colaborar./ Visto que . . . (d) Ele vai ser expulso da faculdade porque colou numa prova. (e) Mudamos a reunião para quinta, já que eles não podem na quarta./Já que . . . (f) Como passei um mês em Roma, sei um pouco de italiano. (g) Nós nos perdemos no caminho porque estávamos sem mapa. (h) Não vou poder entregar o trabalho hoje, pois não terminei ainda.

3 (a) 3; (b) 5; (c) 7; (d) 6; (e) 1; (f) 8; (g) 2; (h) 4

4 (a) O guarda parou o trânsito para as crianças atravessarem. (b) Ela abriu o portão para (nós) entrarmos. (c) Vou segurar a escada para você subir. (d) Ela levou o namorado em casa para ele conhecer os pais dela. (e) Vou acender a lareira para vocês não passarem frio. (f) Vamos colocar uma cerca para as galinhas não fugirem. (g) Ela trouxe o álbum para (nós) vermos as fotos do casamento. (h) Ele me emprestou um terno para eu usar na festa de formatura.

5 (a) . . . diminuiu = and so the pressure decreased (consequence); . . . diminuísse = so that the pressure would decrease (purpose). (b) . . . para eu entrar . . . = She unlocked the door for me to come/go in; . . . para entrar . . . = She unlocked the door to go/come in. (c) . . . para ver . . . = Pedro turned on the TV to watch the game; . . . para vermos . . . = . . . for us to watch the game. (d) . . . aumentassem = so that exports would increase (purpose); . . . aumentaram = with the result that exports increased (consequence). (e) . . . porque . . . = I don't know because they didn't tell me; . . . por que . . . = I don't know why they didn't tell me.

6 (a) Ele foi preso por homicídio. (b) Ele foi escolhido para uma missão especial. (c) Por esse motivo, precisamos contratar mais pessoas. (d) Contratamos cinco pessoas para esse projeto.

43 Expressing knowledge

1 (a) conhece; (b) sabe; (c) conhece; (d) conhecia; (e) sabe; (f) sabe; (g) sabia; (h) sei; (i) sabe; (j) conhecem

2 (a) conhecem; (b) entende; (c) saber; (d) sabem; (e) conhecem; (f) entende; (g) sabia; (h) conhecem; (i) sabe; (j) entenda

3 (a) Sei lá. (b) É, nunca se sabe. (c) Quem sabe? (d) Tudo bem, mas fique/fica sabendo que não gostei do que você falou/disse. (e) Quem sabe não é melhor assim? (f) Vou saber? (g) Sei lá o que ele falou. (h) Pois é. Eu soube ontem.

4 (a) Ele conheceu a esposa/a mulher na faculdade. (b) Eu soube que você mudou (*or* vocês mudaram) de casa. (c) Você conhece Buenos Aires?/Você já esteve em Buenos Aires?/Você já foi a Buenos Aires? (d) Vamos perguntar para a Renata. Ela entende de informática. (e) Você sabe ler chinês? (f) Não tenho a mínima ideia onde/aonde eles foram. (g) (Nós) já nos conhecemos. Nós nos conhecemos semana passada./A gente já se conhece. A gente se conheceu semana passada. (h) Não conheço a literatura brasileira.

44 Remembering and forgetting

1 (a) Você lembrou de ir ao banco? (b) . . . de ligar para a sua mãe? (c) . . . de comprar leite? (d) . . . de trancar a porta? (e) . . . de trazer o seu passaporte? (f) . . . de desligar o ventilador? (g) . . . de fechar as janelas? (h) . . . de lavar a louça?

2 Não esqueça de . . . (see 1 above).

2 (a) Me lembra de comprar pão. (b) . . . de tirar a carne do freezer. (c) . . . de colocar/pôr/botar a cerveja na geladeira. (d) . . . de lavar a salada. (e) . . . de acender a churrasqueira ao meio-dia. (f) . . . de convidar os vizinhos

4 (a) Não lembro de ter trancado a porta. (b) . . . de ter lido . . . (c) . . . de ter dito . . . (d) . . . de o professor ter escrito . . . (e) . . . de eles terem pedido . . . (f) . . . de ter recebido . . .

5 (a) Esqueci a (minha) jaqueta no restaurante. (b) Ele me lembra o George Clooney. (c) Você pode lembrar ao Pedro da reunião amanhã? (d) Eu esqueci que era o seu aniversário hoje. (e) Você lembra o nome da rua onde eles moram? (f) Você (se) lembra da Tânia? Ela é a minha prima. (g) Você esqueceu de trancar o carro? (h) Eu gosto dessa música porque me faz lembrar a minha viagem ao Brasil.

45 Expressing obligation and duty

1 (a) O Marcelo tem que providenciar a música. (b) Elaine e Júlia têm que comprar salgadinhos. (c) Eu tenho que reservar o salão de festas. (d) O Jaime tem que cuidar das bebidas. (e) Ana e Marco têm que enfeitar o salão. (f) Eu e Karina temos que buscar o aniversariante.

2 (a) Preciso . . . = I must . . . (self-imposed obligation); Tenho que = I have to . . . (to fulfil an external obligation). (b) tem que = he has to, otherwise he will not get better; precisa = he needs to, to improve his general health. (c) Eu tinha que = I was going to have to/I still had to/I should have . . .; Eu tive que = I had to and I did. (d) Você não tem que = you don't have to; Você não deve = you mustn't, you shouldn't. (e) Vocês devem = you must, you should (because that is the correct way to proceed); Vocês deveriam = you should, you ought to (because it would be better). (f) Tenho que = I have to (I've been told I should); Preciso = I must (because I feel the need for one). (g) deve = should, must (is intended to); deveria = should, ought to (is supposed to, but does not). (h) Você não precisa . . . = You don't need to speak Portuguese to be able to do the job effectively; Você não tem que . . . = Speaking Portuguese is not a prerequisite for getting the job.

3

(a) Tem que pagar (um) sinal? (b) Tem que apresentar (um) documento de identidade? (c) Precisa comprar os ingressos/as entradas (*if it's for a show etc.*)/as passagens (*if it's for a flight or long-distance bus journey*)/os bilhetes (*if it's for a city bus or metro*) com antecedência? (d) Precisa fazer (uma) reserva?

4

(a) O governo não deveria/devia ter aumentado o imposto de renda. (b) Você podia ter arrumado o seu quarto! (c) Ele tinha que/Era para ele terminar o trabalho hoje. (d) Você tinha que/precisava ouvir a desculpa dela! (e) Você não devia ter desligado/Você não tinha que desligar o computador! (f) Eles tinham que estar/Era para eles estarem aqui às nove. (g) (Nós) deveríamos/devíamos ter reservado uma mesa./A gente devia ter reservado . . ./ A gente tinha que reservar . . . (h) Eu não deveria/devia ter vindo.

46 Expressing needs

1

(a) de; (b) *no preposition*; (c) de; (d) *no preposition*; (e) *no preposition*; (f) de; (g) de; (h) *no preposition*

2

(a) . . . vocês estejam aqui às oito. (b) . . . você me ligue. (c) . . . os candidatos preencham uma ficha. (d) . . . o técnico venha aqui em casa. (e) . . . você corrija; (f) . . . você leia a minha redação e me dê a sua opinião.

3

(a) I don't think the game should be cancelled/it's necessary to cancel the game. (b) In politics, it is essential to listen to (the) voters. (c) The health(care) system needs to be reformed. (d) It is essential that the candidate/applicant has a command of English. (e) This area needs to be revitalized/redeveloped. (f) Six people were needed to carry the piano. (g) I was going to take a coat (*or* a jacket, a sweater – any item of clothing worn over other clothes to keep yourself warm). I wonder if/Do you think it's really necessary? (h) I want to relax/rest today. (I feel) I need it.

4

(a) Se você precisar de alguma/qualquer coisa, liga para mim/me liga. (b) Preciso de um recibo. (c) Preciso ir ao aeroporto. (d) Precisa/É preciso marcar hora? (e) (Nós) precisamos que você responda a algumas/umas perguntas. (f) Não preciso de cobertor. (g) Você não precisa ir comigo. (h) Precisamos estar lá às dez.

47 Expressing possibility and probability

1

(a) . . . prefira ficar sozinho. (b) . . . chova mais tarde. (c) . . . vem aqui hoje. (d) . . . seja cancelado. (e) . . . baixarem o preço. (f) . . . traga benefícios para as microempresas. (g) chegamos/vamos chegar a tempo. (h) . . . tenha que fechar as portas.

2

(a) Pode ser. (b) É, talvez. (c) Provavelmente. (d) Acho difícil. (e) De repente ele mudou de ideia. (f) Não é possível!/Não pode ser!

3

(a) Será que perderam o meu telefone? (b) . . . contrataram outra pessoa? (c) . . . não tomaram uma decisão ainda? (d) . . . tentaram me ligar? (e) . . . entrevistaram outros candidatos? (f) . . . desistiram de contratar um novo professor?

4

(a) Eles podem ter perdido o meu telefone. (b) . . . ter contratado outra pessoa. (c) . . . não ter tomado uma decisão ainda. (d) . . . ter tentado me ligar. (e) . . . ter entrevistado outros candidatos. (f) . . . ter desistido de contratar um novo professor.

48 Expressing certainty and uncertainty

1 (a) Claro/Lógico. (b) Absoluta. (c) Duvido. (d) Eu não acho. (e) Com certeza. (f) Acho que sim. (g) Claro que não. (h) Não tenho certeza./Não sei bem. (i) Sem dúvida. (j) Acho que não.

2 (a) Eu acho . . . = My opinion is that . . .; Eu não acho . . . = I disagree that . . . *or* It is not the case that I think . . . (b) Duvido que . . . = I doubt he doesn't know, I'm pretty sure he does know; Não duvido que . . . = I'm not casting doubt on the fact that he knows. (c) Tenho certeza . . . = I'm sure she's not lying; Não tenho certeza . . . = I'm not sure she is lying. (d) Acho que . . . = My opinion is that she meant no harm; Não acho . . . = I disagree that she acted maliciously, *or* It is not the case that I think . . .

3 (a) Claro/Lógico que não me importo. (b) Não tenho certeza disso. (c) Não é certo que o projeto vai ser aprovado. (d) Duvido que ela se lembre de mim. (e) Não tem/há a menor dúvida (de) que fumar faz mal à saúde. (f) Claro/Lógico que gosto de sorvete. (g) Estou convencido/a (de) que foi o Caio quem/que roubou o dinheiro. (h) 'Com certeza ela vai voltar/ela volta.' – 'Você acha?'

4 (1) É lógico que; (2) duvido; (3) Com certeza/Sem dúvida; (4) Claro que não; (5) com certeza/sem dúvida; (6) Tenho certeza de

49 Expressing supposition

1 (a) oferecerem; (b) está; (c) esteja; (d) aceitem; (e) fôssemos; (f) tivesse; (g) toma; (h) pudesse

2 (a) Ele deve estar esperando o ônibus. (b) Ele deve ter esquecido. (c) Ele deve estar no trabalho ainda. (d) Ele deve ter tido algum problema. (e) Ele deve estar a caminho. (f) Ele deve ter se perdido. (g) Ele deve ter errado de lugar. (h) Ele deve chegar daqui a pouco.

3 (a) Vamos supor que você queira trocar dinheiro – o que você fala/diz? (b) Imagine que você esteja num restaurante – como você pede o cardápio? (c) Faz de conta que você trabalha para uma/numa empresa no Brasil – como você atende o telefone? (d) Se você estivesse sem relógio, como você ia perguntar/perguntaria as horas?

50 Expressing conditions

1 (a) fizer; (b) puder; (c) quiserem; (d) for; (e) tirar; (f) sairmos; (g) tiverem; (h) for

2 (a) 4; (b) 8; (c) 7; (d) 1; (e) 2; (f) 3; (g) 5; (h) 6

3 (a) Se eu tivesse muito dinheiro, ia ajudar os pobres. (b) Se (nós) ganhássemos/Se a gente ganhasse na loteria, íamos construir uma casa nova. (c) Se eu fosse milionário, ia viajar pelo mundo. (d) Se (nós) ficássemos ricos/Se a gente ficasse rico, íamos parar de trabalhar. (e) Se eu pudesse gastar à vontade, ia comprar um apartamento em Paris. (f) Se (nós) obtivéssemos/Se a gente obtivesse o capital, íamos montar uma escola de mergulho.

4 A: (a) ajudaria; (b) construiríamos; (c) viajaria; (d) pararíamos; (e) compraria; (f) montaríamos

B: (a) ajudava; (b) construíamos; (c) viajava; (d) parávamos; (e) comprava; (f) montávamos

5

(a) Se ele não tivesse colado na prova, ele não teria/tinha sido expulso da faculdade. (b) Se nós não tivéssemos nos atrasado, não teríamos/tínhamos perdido o voo. (c) Se vocês não tivessem bebido tanto ontem, vocês não estariam/estavam de ressaca hoje. (d) Se eu não tivesse estacionado em lugar proibido, não teria/tinha levado multa. (e) Se você tivesse feito a prova com calma, você não teria/tinha errado tanto. (f) Se eles tivessem jogado bem, eles não teriam/tinham saído da competição. (g) Se ela tivesse avisado que vinha, nós teríamos/tínhamos preparado alguma coisa. (h) Se eu tivesse passado protetor solar, minha pele não estaria/estava ardendo agora.

6

(a) . . ., caso seja eleito. (b) . . ., desde que você o devolva amanhã. (c) Mesmo que me oferecessem . . . (d) . . ., a não ser que chova. (e) . . ., uma vez que a greve seja suspensa. (f) . . ., com a condição de que caiba no compartimento superior. (g) . . ., a menos que surja algum imprevisto. (h) . . ., contanto que deixassem o país assim que a situação se normalizasse.

51 Expressing contrast or opposition

1

(a) Embora dure três horas, o filme não chega a ser cansativo. (b) Embora não fosse um aluno brilhante, o Marcos sempre tirava boas notas. (c) Embora haja uns bons momentos na peça, em geral, o roteiro é fraco. (d) Embora ela tivesse liderado as pesquisas, não ganhou a eleição. (e) Embora o país esteja bem economicamente, o governo quer acelerar o crescimento. (f) Embora o cantor tenha lançado seu último disco há mais de dez anos, continua fazendo shows pelo Brasil afora. (g) Embora tivéssemos as nossas dúvidas, decidimos confiar no vendedor. (h) Embora a proteção da floresta amazônica encabece a lista de prioridades ecológicas, as queimadas continuam a cada ano.

2

(a) . . . apesar do trânsito intenso. (b) Apesar de ter só/apenas dez jogadores, . . . (c) . . . apesar de que choveu (*or* apesar de ter chovido) o tempo todo/inteiro. (d) Apesar de a palestra durar três horas, . . . (e) Apesar de tudo, . . . (f) Apesar de (eles) saberem espanhol, . . . (g) Apesar de (ser) magro, . . . (h) . . ., apesar de (estar) gravemente ferida.

3

(a) 3; (b) 5; (c) 2; (d) 1; (e) 6; (f) 4

4

(a) Pelo contrário; (b) Mesmo assim; (c) caso contrário; (d) Em compensação; (e) Por outro lado; (f) enquanto; (g) Ao contrário do que; (h) Já

52 Expressing capability and incapability

1

(a) sabe; (b) posso; (c) sabe; (d) sabem; (e) poder; (f) sabe; (g) pode; (h) poder

2

(a) não sei te dizer = I don't know; não posso te dizer = I am not allowed to tell you. (b) ele não podia = he wasn't allowed to; ele não conseguia = he couldn't manage to; (c) Ele pode = he may, has the option of; Ele sabe = he knows how to; (d) Não posso = I'm not allowed; Não consigo = I can't manage. (e) Você pode = will you?; Você consegue = will it go in? *or* Can you lift it? (f) não sabe = they don't know her address; não pode = they are not allowed to give out that information. (g) Não lembro = it's slipped my mind; Não consigo lembrar = I'm racking my brains to remember. (h) Você sabe = do you know how to do it?; Você consegue = will you manage it (on your own)?

3

(a) Dá para (você) entender quando eu falo português? (b) Não dá para colocar/pôr tudo no carro. (c) Finalmente deu para (a gente) conversar/para nós conversarmos a sós. (d) Não vai dar para (eu) terminar o trabalho até sexta(-feira). (e) Antes de construírem aqueles prédios, dava para ver o mar daqui. (f) Explica (isso) para mim em inglês, se der.

4 (a) Você consegue levantar 100 kg? (b) O que é que você falou/disse? Não estou te escutando/ ouvindo. (c) Não estou sentindo o braço. (d) Você está vendo aquele prédio branco ali? (e) Você está sentindo um cheiro de gás? (f) Espero que consigamos/a gente consiga abrir a porta. (g) Ele não está achando as chaves (dele). (h) Infelizmente, ela não sabia nadar.

53 Seeking and giving permission

1 (a) 5; (b) 6; (c) 8; (d) 1; (e) 3; (f) 7; (g) 2; (h) 4

2 (a) Você/O senhor/A senhora me dá licença (por) um momento? (b) Você se importa/ incomoda se eu usar o telefone? (c) Deixa/Deixe eu ver. (d) Agradeceria se me enviasse mais informações. (e) Posso falar com o Bruno (, por favor)? (f) Dá para deixar a janela aberta?

3 (a) Por favor! (b) Eu preferiria/preferia que não. (c) Não, não pode/não dá. (d) Claro, fica/ fique à vontade! (e) Com toda. (f) De jeito nenhum. (g) Sinto muito, mas não dá. (h) Não, tudo bem. (i) Claro, não faça cerimônia. (j) Sinto muito, senhor, é proibido fumar dentro do restaurante.

54 Asking and giving opinions

1 (a) Vamos comer pizza? O que é que vocês acham? (b) Olha. O que é que você achou desse sapato com esse vestido? (c) O que é que você achou da festa ontem à noite? (d) Você acha mesmo que isso seja uma boa ideia? (e) Esse é o anel que ele me deu. O que é que você achou/acha? (f) De qual você acha que ele vai gostar? (g) O que é que você acha de a gente vender/de (nós) vendermos o carro? (h) O que é que você achou de eles (se) casarem?

2 (a) Qual a sua opinião sobre a nova lei? (b) Na sua opinião, o que o governo deve fazer . . .? (c) Qual é a sua opinião sobre/a respeito da política econômica . . .? (d) Na sua opinião, quem vai ganhar . . .?

3 (a) Eu não acho que o português seja mais difícil do que o espanhol. (b) . . . que o time tenha jogado bem. (c) . . . que o ensino público esteja melhorando. (d) . . . que tenhamos boas chances de ganhar. (e) . . . que ela tenha merecido a promoção. (f) . . . que eles tivessem razão de protestar.

4 (a) Por mim, o réu não teria sido absolvido. (b) Segundo ele, o Brasil vai ganhar o jogo de 2 a 0. (c) Para mim, é tudo mentira. (d) Na opinião de alguns críticos, o filme é uma obra-prima. (e) A meu ver, isso constitui uma invasão de privacidade. (f) Se dependesse dos moradores, a fábrica seria interditada. (g) Para nós, é um direito de cada um manifestar seu descontentamento. (h) Se dependesse de mim, o chefe de polícia seria exonerado.

55 Expressing agreement, disagreement and indifference

1 (a) Está bom. (b) É isso aí. (c) Pois é. (d) É. (e) Exato. (f) Aí é que está. (g) Claro. (h) Por mim, tudo bem.

2 (a) Você acha? (b) Imagina! (c) Não é verdade. (d) Não concordo com isso. (e) De jeito nenhum. (f) Você está errado. (g) Que bobagem! (h) Como assim?

3 (a) Você devia ter ligado. – Você tem toda a razão. (b) Eu não trouxe o passaporte. – Não importa. (c) Você prefere pizza ou comida japonesa? – (Para mim,) tanto faz. (d) Posso deixar a minha bicicleta aqui? – Por mim, (tudo bem). (e) (Não) estou nem aí/Estou me lixando para os problemas deles. (f) Deixa eu explicar. – Não me interessa. (g) Vamos de táxi e voltar de ônibus, ou ir de ônibus e voltar de táxi? – Dá no mesmo. (h) Terminei o exercício. – E daí?

56 Expressing desires and preferences

1 (1) quer; (2) estou com vontade de; (3) prefere; (4) queria; (5) estou com vontade de; (6) não estou a fim de; (7) prefiro; (8) queria; (9) estava com vontade de; (10) estou a fim de

2 (a) ficar com; (b) deu; (c) estava com; (d) dá; (e) estou sem; (f) fico com

3 (a) A Sandra prefere novelas a documentários, mas a Ana gosta mais de documentários. (b) Os meninos preferem Exatas a Humanas, mas as meninas gostam mais de Humanas. (c) O Bruno prefere nadar a correr, mas o Davi gosta mais de correr. (d) Os pais preferem assistir um bom filme a jogar videogame, mas os filhos gostam mais de jogar videogame.

4 (a) Eu preferiria que você falasse a verdade. (b) Eles querem que nós façamos tudo de novo. (c) Eu gostaria que vocês viessem para a minha casa. (d) Ele não queria que eu visse a tatuagem. (e) Eu prefiro que você me dê um cheque. (f) Os pais dela queriam que ela fosse médica. (g) Nós queremos que vocês saibam o quanto gostamos de vocês. (h) Eu queria que você me dissesse por que fez isso.

57 Expressing likes and dislikes

1 (a) O Pedro não gosta de peixe. (b) A Janine gosta muito de esporte. (c) Luís e Raúl gostam de ir ao cinema. (d) Eu gosto muito de música. (e) Eu e Tom gostamos de jogar tênis. (f) A Rita não gosta de assistir futebol.

2 (a) (Urgh,) não gostei desse vinho. (b) Gostei do seu cabelo. (c) Gostei muito desse lugar. (d) (Você) gostou? (e) Gostei dessa palavra. (f) (Vocês) gostaram?

3 (a) A Rita adora fazer compras. (b) Luís e Raúl odeiam música romântica. (c) Eu e Tom adoramos pegar onda. (d) Eu detesto pessoas que mentem. (e) O Pedro gosta de futebol. (f) A Janine odeia levantar cedo. (g) Pedro e Rita adoram animais. (h) Eu detesto arrumar meu quarto.

4 (a) Adoro que vocês estejam aqui no meu aniversário. (b) Ela odiava que as pessoas a chamassem de 'senhora'. (c) Meus pais não gostam que eu saia durante a semana. (d) Detesto que você traga os seus amigos para a minha casa. (e) Ele gosta que demos atenção a ele. (f) Os brasileiros odeiam que os estrangeiros falem mal do Brasil.

5 (a) Não aguento o Paulo. (Ele) é insuportável. (b) Esse molho está delicioso/uma delícia. (c) É delicioso/uma delícia/gostoso andar na praia de manhã cedo. (d) O que (é que) você achou do meu chapéu? – Adorei! (e) Urgh, não gostei dessa cerveja – está horrível. (f) Por que você comprou esse relógio? É horrível! (g) Você gostou dessa cor? – Odiei! (h) O menininho adora que a mãe o pegue no colo.

58 Expressing surprise

1 (a) Mentira! (b) Que horror! (c) Nossa! (d) Que coisa! (e) Que bom! (f) Não acredito! (g) Meu Deus do céu! (h) Jura?

2

(a) É estranho (eles) não terem falado nada. (b) É incrível ninguém ter se ferido. (c) Não me surpreende o namoro dos dois ter acabado. (d) É estranho (nós) não termos visto nada. (e) Não admira os professores reivindicarem reajuste salarial. (f) É incrível as múmias estarem tão bem conservadas. (g) Estou estranhando o Pedro não ter chegado ainda. (h) Não surpreende a população estar insatisfeita com os governantes.

3

(a) É estranho que (eles) não tenham falado nada. (b) É incrível que ninguém tenha se ferido. (c) Não me surpreende que o namoro dos dois tenha acabado. (d) É estranho que (nós) não tenhamos visto nada. (e) Não admira que os professores reivindiquem reajuste salarial. (f) É incrível que as múmias estejam tão bem conservadas. (g) Estou estranhando que o Pedro não tenha chegado ainda. (h) Não surpreende que a população esteja insatisfeita com os governantes. NB: In informal style, the indicative would be used in these sentences, especially (a)–(d) and (g), as follows: (a) . . . não falaram nada. (b) . . . ninguém se feriu. (c) . . . o namoro dos dois acabou. (d) . . . não vimos nada. (g) . . . o Pedro não chegou ainda.

59 Expressing satisfaction and dissatisfaction

1

(a) Isso. (b) Beleza! (c) Está bom. (d) Acho ótimo. (e) Gostei. (f) Valeu! (g) Não, chega. (h) Perfeito!

2

(1) Não foi isso que (eu) pedi. (Eu) pedi sopa. (2) Por favor! Garçom!/Moço! (3) Essa sopa está fria e está (com um gosto) horrível. (4) Não estou nada satisfeito e quero falar com o gerente. (5) Não me interessa. Chama o gerente. (6) O garçom trouxe o prato errado, eu pedi para ele trocar e aí tive que esperar dez minutos. (7) Quando a sopa veio, estava fria e estava com um gosto horrível. (8) Isso não dá. (9) O atendimento deixa muito a desejar e estou muito decepcionado. (10) Não, vou embora. Prefiro comer em outro lugar.

3

(a) 7; (b) 3; (c) 6; (d) 8; (e) 1; (f) 2; (g) 4; (h) 5

60 Expressing hope

1

(a) esteja; (b) conseguir; (c) volte; (d) descubram; (e) corra; (f) poder; (g) ser; (h) chova

2

(a) Esperamos que eles tenham conseguido se salvar. (b) Espero que você tenha aproveitado a sua estadia aqui. (c) Tomara que tenham chegado bem. (d) Tomara que não tenha havido nenhum problema.

3

(a) atrase; (b) balance; (c) deem; (d) percam; (e) esteja; (f) tenha; (g) seja; (h) divirta

4

(b) Eu esperava que nos dessem comida no avião. (c) Eu esperava que o hotel ficasse perto do rio. (d) Eu esperava que fizesse menos calor à noite. (e) Eu esperava que nós víssemos um jacaré. (f) Eu esperava que o rio estivesse mais alto. (g) Eu esperava que você levasse repelente contra mosquito. (h) Eu esperava que a gente se divertisse mais.

5

(a) Espero (que sim). (b) Tomara (que sim). (c) Espero que não. (d) Tomara que não.

61 Expressing sympathy

1

(a) Que horror! (b) Menos mal! (c) Meus sentimentos. (d) Que pena! (e) Coitadinho! (f) Que maravilha! (g) Que tristeza! (h) Que alívio!

2   (a) Coitada da Susana! (b) Coitadas das crianças! (c) Coitado dele! (d) Coitados dos seus pais! (e) Coitado/a de você! (f) Coitado de mim!

3   (a) Sinto muito você estar doente. (b) Que pena vocês não terem ganhado/ganho. (c) Sinto muito os seus pais não poderem vir. (d) Lamentamos a encomenda não ter chegado. (e) Sinto muito vocês terem perdido a casa (de vocês). (f) É uma pena o teatro ter fechado. (g) Que pena o show ter sido cancelado! (h) É uma pena cortar aquelas árvores lindas.

4   (a) Que pena que eles não possam vir! (b) Sinto muito que você não goste de mim. (c) Lamentamos que o senhor não esteja inteiramente satisfeito. (d) É uma pena que nós não tenhamos condições de ir. (e) Acho uma pena que ele não queira se abrir com os amigos. (f) Sinto muito que vocês se considerem injustiçados. (g) É uma pena que o desentendimento tenha chegado a esse ponto. (h) Lamento muito que o Congresso tenha rejeitado a proposta.

5   (a) Sinto muito pelo acidente que você sofreu. (b) Sinto muito pelo que aconteceu com você. (c) Sinto muito pela perda do seu emprego. (d) Sinto muito pelo sofrimento de vocês. (e) Sinto muito pelo tanto/por tudo que vocês tiveram que aguentar. (f) Sinto muito pela doença do filho de vocês.

62 Apologizing and expressing forgiveness

1   (a) Desculpe a demora, senhor. (b) Sinto muito. (c) Não fiz por mal. (d) Foi sem querer. (e) Desculpa o atraso. (f) Não faz mal. (g) Imagina! (h) Não me leve a mal.

2   (a) Desculpa eu ter te magoado. (b) Desculpe (eu) interromper você. (c) Sinto muito não poder ir ao seu casamento. (d) Desculpe nós não termos avisado antes. (e) Sinto muito não ter ajudado você quando você precisava. (f) Desculpem eu tomar o tempo de vocês. (g) Desculpa eu não ter te ligado antes. (h) Desculpem a casa não estar arrumada.

3   (b) Desculpa eu não ter trazido o seu livro, mas eu o esqueci em casa. (c) Desculpa pedir dinheiro (para você), mas eu saí sem a minha carteira. (d) Desculpe eu não ter vindo à última aula, mas eu estava doente. (e) Desculpa eu ter quebrado os seus óculos, mas foi sem querer. (f) Desculpe incomodar a senhora, mas vou descer na próxima parada. (g) Desculpa (eu) dizer, mas você é chato às vezes. (h) Desculpem eu não estar mais falante, mas estou muito cansado/a.

63 Expressing fear or worry

1   (a) Tenho; (b) dá; (c) ficamos com; (d) estava com; (e) deu; (f) fica com; (g) têm; (h) estavam com

2   (a) Eu estava com medo de tocar na cobra. (b) O Marcelo tem medo de andar de montanha-russa. (c) Estou com medo de você se machucar. (d) Os investidores estão com medo de as bolsas mundiais despencarem. (e) Ela tem medo de os filhos andarem com más companhias. (f) Estou com medo de eles terem sofrido um acidente.

3   (c) Estou com medo (de) que você se machuque. (d) Os investidores estão com medo (de) que as bolsas mundiais despenquem. (e) Ela tem medo (de) que os filhos andem com más companhias. (f) Estou com medo (de) que eles tenham sofrido um acidente.

4   (a) O nosso cachorro ficou assustado/se assustou com os fogos. (b) O meu medo é que ela se machuque. (c) Dá medo andar pela floresta à noite. (d) Ela tem pavor de cobra(s). (e) Ele estava morrendo de medo. (f) Levamos/tomamos um susto quando o telefone tocou no meio da noite. (g) Não se/te preocupe. Temos tempo ainda. (h) Que susto (que você me deu)!

64 Expressing gratitude

1 (a) Muitíssimo obrigado/a pelas flores. (b) Obrigado/a pelo seu cartão-postal. (c) Obrigado/a a todos por estarem aqui hoje. (d) Muito obrigado/a por ter nos convidado. (e) Obrigado/a pela (sua) preocupação. (f) Obrigado/a por (você) ser tão compreensivo/a. (g) Muito obrigado/a a todos por terem vindo/pela presença. (h) Obrigado/a a você.

2 (a) Agradeço por vocês dois terem vindo./Agradeço a vocês dois (por) terem vindo. (b) Esqueci de te agradecer/de agradecer a você pelo presente de aniversário. (c) Gostaria/ Queria agradecer a vocês todos (por) terem me dado este/esse prêmio. (d) Agradeceria se me enviasse(m) um catálogo. (e) Eu que agradeço. (f) Agradeço a você(s) do fundo do meu coração. (g) Só liguei para agradecer pela/a ótima noite ontem. (h) Agradeço muito a vocês dois.

3 (a) Nada. (b) Não precisa agradecer. (c) Eu que agradeço. (d) Imagina! (e) De nada. (f) Obrigado eu.

65 Giving advice and making suggestions

1 (a) Se fosse você, eu ia ligar para ele. (b) Se eu fosse você, não ia pedir dinheiro ao meu/ seu pai. (c) Se eu estivesse no seu lugar, não ia largar o meu emprego. (d) No seu lugar, eu ia contar a verdade (para a minha namorada). (e) Se fosse você, eu não ia fazer uma dívida. (f) Se eu estivesse no seu lugar, não ia à polícia. (g) Eu, se fosse você, ia comprar um computador novo. (h) No seu lugar, eu ia para Londres (aprender inglês).

2 (a) procura; (b) ia me matricular/me matriculava; (c) ficar; (d) visitar; (e) levar; (f) fazer; (g) compre; (h) fosse (= *what if you went . . .?*)/for (= *what if you go . . .?*)

3 (a) Vamos pegar um cineminha? (b) Que tal nós irmos a algum bar? (c) A gente devia ver uma série na TV. (d) Por que é que não saímos para jantar? (e) A gente podia pedir uma pizza. (f) E se a gente voltasse àquela boate onde a gente foi semana passada? (g) O que é que vocês acham da gente ficar aqui conversando? (h) É melhor nós decidirmos logo.

4 (a) O que você sugere que eu faça? (b) Vamos nos encontrar às duas. (c) Tira alguns dias de folga e descansa. (d) Aconselho vocês a sempre usarem o cinto de segurança. (e) O que você faria/fazia/ia fazer se fosse você? (f) É melhor nós chamarmos/a gente chamar a polícia. (g) Por que você não aluga/vocês não alugam um carro? (h) E se nós vendêssemos a casa e fôssemos morar na Bahia?/E se a gente vendesse a casa e fosse morar na Bahia?

66 Making requests

1 (b) Você abre a janela? (c) Você (me) passa o sal? (d) Você liga a televisão? (e) Você pega aquela vasilha (para mim)? (f) Você me empresta R$10,00? (g) Você me dá o seu e-mail? (h) Você traduz para mim?

2 (b) Você pode abrir a janela? (c) Você pode (me) passar o sal? (d) Você pode ligar a televisão? (e) Você pode pegar aquela vasilha (para mim)? (f) Você pode me emprestar R$10,00? (g) Você pode me dar o seu e-mail? (h) Você pode traduzir para mim?

3 (a) Poderia me passar o departamento de vendas? (b) Poderia me dizer que horas são por favor? (c) Poderia me ajudar a colocar a mala no carro? (d) Poderia chamar um táxi para mim por favor? (e) Poderia me deixar na esquina? (f) Poderia repetir o seu nome por favor? (f) Poderia esperar um momento? (h) Poderia voltar a ligar mais tarde?

4 (a) Você se importa de segurar o meu guarda-chuva um momento? (b) O senhor se importa de trocar de lugar comigo? (c) A senhora se importa de preencher um pequeno questionário? (d) Você se importa de dormir no chão? (e) Você se importa de tirar o sapato? (f) Vocês se importam de me esperar subir primeiro? (g) O senhor se importa de me dar o seu email? (h) Vocês se importam de olhar as minhas coisas enquanto eu dou um mergulho?

67 Giving directions, instructions and orders

1 (a) Continua reto. (b) No próximo sinal, vira à esquerda. (c) Atravessa o túnel. (d) Saindo do túnel, pega a direita. (e) Entra ali, onde vai aquele carro branco. (f) Segue o fluxo do trânsito para a direita. (g) Diminui a velocidade. (h) Para na próxima esquina.

2 (b) Você acrescenta . . . mistura . . . (c) Você derrete . . . espera . . . (d) Você enche . . . despeja . . . (e) . . . você mexe . . . (f) Você frita . . . vira . . . (g) Você deixa . . . tira . . . (h) Você espreme . . . adoça . . .

3 Coloque a farinha numa bacia e quebre os ovos na farinha. Acrescente o leite e a água aos poucos e misture bem até a massa ficar homogênea. Derreta um pouco de manteiga numa frigideira e espere-a ficar bem quente. Encha uma concha de massa e despeje-a na frigideira. Enquanto isso, mexa a frigideira para a massa se espalhar bem. Frite a panqueca durante uns 30 segundos e depois vire-a com uma espátula. Deixe-a mais alguns segundos e tire-a da frigideira. Esprema suco de limão por cima e adoce-a a gosto.

4 (b) Vê se você leva o seu celular. (c) Vê se você toma cuidado na hora de atravessar a rua. (d) Vê se você não se perde. (e) Vê se você não se deixa enganar. (f) Vê se você pega um táxi para casa.

5 (a) Stop! (b) Leave me alone! (c) Let go of me! (d) Shut up! (e) Get your hands off me! (f) Get out! (g) Forget it. (h) Go to hell!

68 Making an offer or invitation and accepting or declining

1 (a) 7; (b) 4; (c) 6; (d) 1; (e) 8; (f) 3; (g) 5; (h) 2

2 *Example*:

Oi Renata,

Tudo bem? Amanhã é o meu aniversário e convidei algumas pessoas para comemorar no Sindicato do Chope a partir das 10h00. Gostaria/Queria muito que você fosse também. Pode levar uns amigos se quiser. Me liga, tá?

Um beijo, . . .

3 *Example*:

Oi Eduardo,

Tudo bem? Adoraria ir à casa dos seus pais no fim de semana, mas infelizmente não vai dar. Esqueci completamente que já tenho um compromisso no sábado à noite que não posso desmarcar. Sinto muito e espero que tenha outra oportunidade para eu conhecer a casa dos seus pais.

Um abraço (*from male*)/Um beijo (*from female*)

4

(a) Queria/Gostaria muito, mas não vou poder porque tenho que trabalhar. (b) Então tá.
(c) Estou fora. (d) Com muito prazer. É muita gentileza sua./É muito gentil da sua parte.
(e) Claro!/Com certeza! (f) Adoraria, mas já tenho compromisso.

69 Talking about the present

1

(a) levanta; (b) toma; (c) pega; (d) tem; (e) almoça; (f) chega; (g) estuda; (h) malha; (i) sai;
(j) dorme

2

Durante a semana, eu levanto todos os dias às 6h30. Eu sempre tomo café com meus pais.
Pego carona com meu pai até a faculdade. Eu geralmente tenho aula das 8h00 até meio-dia.
Muitas vezes, eu almoço com os colegas da faculdade. Chego em casa a umas duas e meia.
À tarde eu estudo em casa. Três vezes por semana, eu malho numa academia perto da minha
casa/perto de casa. Eu raramente saio à noite durante a semana. Durmo por volta da meia-
noite.

3

(a) A que horas você costuma levantar? (b) O que você toma/come no café da manhã? (c) A
que horas você costuma sair de casa? (d) O que você faz durante o dia? (e) Onde você
costuma almoçar? (f) A que horas você chega em casa à noite? (g) O que você costuma fazer
à noite? (h) A que horas você vai para a cama?

4

Example: (a) Costumo levantar às sete. (b) Como cereal e tomo chá. (c) Costumo sair de casa
às oito. (d) Trabalho. (e) Costumo almoçar numa lanchonete perto do meu escritório. (f)
Chego em casa por volta das sete e meia. (g) À noite costumo assistir televisão ou surfar na
Internet. (h) Vou para a cama às onze e meia.

5

(a) mora – está morando – está fazendo; (b) trabalho – estou trabalhando; (c) estou gostando;
(d) vendemos – estamos vendendo; (e) come – está comendo; (f) assiste – está assistindo;
(g) faz – está fazendo; (h) venta – está ventando

6

(b) Você trabalha como enfermeira há quanto tempo? – Trabalho como enfermeira há dez
anos. (c) Você é casada há quanto tempo? – Sou casada há dois anos. (d) Você conhece o seu
marido há quanto tempo? – Conheço o meu marido há três anos. (e) Você estuda inglês há
quanto tempo? – Estudo inglês há seis meses. (f) Você faz ioga há quanto tempo? – Faço ioga
há oito anos. (g) Você tem computador em casa há quanto tempo? – Tenho computador em
casa há quatro meses. (h) Você frequenta bailes de forró há quanto tempo? – Frequento bailes
de forró há quatro anos.

7

(b) Faz quanto tempo que você trabalha como enfermeira? – Faz dez anos que trabalho
como enfermeira. (c) Faz quanto tempo que você é casada? – Faz dois anos que sou casada.
(d) Faz quanto tempo que você conhece o seu marido? – Faz três anos que conheço o meu
marido. (e) Faz quanto tempo que você estuda inglês? – Faz seis meses que estudo inglês.
(f) Faz quanto tempo que você faz ioga? – Faz oito anos que faço ioga. (g) Faz quanto
tempo que você tem computador em casa? – Faz quatro meses que tenho computador em
casa. (h) Faz quanto tempo que você frequenta bailes de forró? – Faz quatro anos que
frequento bailes de forró.

8

(a) Estou há um ano sem ver o meu primo. (b) Faz oito anos que eles não pintam a casa.
(c) Estamos há dois meses sem nos falar. (d) Faz doze horas que não como nada. (e) Estou
há anos sem ler um bom livro. (f) Faz séculos que não vamos ao cinema. (g) Estou há uma
semana sem olhar os meus e-mails. (h) Faz um tempão que você não faz nenhum exercício.

9 (a) Continuo morando no mesmo apartamento. (b) Continuo trabalhando na faculdade. (c) O meu salário continua baixo. (d) Os alunos continuam gostando das minhas aulas. (e) Continuo sem namorar. (f) Continuo sem ter notícias do Ricardo. (g) Continuo sem carro. (h) A minha vida aqui continua agitada como sempre.

70 Talking about the future

1 (b) vamos entrevistar; (c) vou fazer; (d) vão ser; (e) vai estar; (f) vamos nos reunir; (g) vai tomar; (h) vai receber

2 (a) Quantas pessoas vêm? (b) A que horas eles chegam/vão chegar? (c) Onde vamos todos sentar?/Onde nós todos vamos sentar? (d) O que eles vão (querer) beber? (e) Eles vão trazer alguma coisa? (f) Você vai comprar umas/algumas coisas para beliscar? (g) Vocês vão falar português? (h) Você acha que eles vão ficar até tarde?

3 (a) trará; (b) entrarei; (c) será – dirá; (d) seguirá – farão; (e) terão; (f) se realizará – serão; (g) reembolsaremos; (h) se contradirão

4 (a) Eu pretendia estudar Direito, mas agora pretendo estudar Turismo. (b) Eu estava pensando em ir à Bahia, mas agora estou pensando em ir a Florianópolis. (c) Eu ia pôr uma camisa social, mas agora vou pôr uma camisa polo. (d) Eu estava pensando em convidar só os amigos mais íntimos, mas agora estou pensando em convidar a galera toda. (e) Eu ia viajar com uns amigos, mas agora vou ficar aqui. (f) Eu pretendia aprender espanhol, mas agora pretendo aprender inglês.

5 (b) A Carla disse que ia falar com a amiga dela que estudou lá. (c) O Daniel perguntou se você ia com a gente. (d) A Renata falou que ia ver o preço da passagem de ônibus até Ouro Preto. (e) O Tom perguntou se íamos ficar duas ou três noites lá. (f) A Bárbara esperava que a pousada tivesse piscina. (g) O Rogério estava com medo de que a viagem ficasse muito cara. (h) A Ana disse que não ia poder ir.

6 (a) O ministro explicou que o trem-bala ligaria Campinas ao Rio de Janeiro. (b) Ele afirmou que o trecho Rio-São Paulo ficaria pronto em 2014. (c) Ele acrescentou que os trens fariam paradas nos aeroportos de Guarulhos e Galeão. (d) Segundo o ministro, os trens viajariam a uma velocidade de 300 km/h. (e) Ou seja, a viagem Rio-São Paulo levaria apenas 90 minutos. (f) O ministro expressou a certeza de que muitas pessoas prefeririam o trem ao avião.

71 Talking about the past

1 (a) Nasci; (b) fui; (c) Trabalhei; (d) passei; (e) comecei; (f) me formei; (g) concluí; (h) Escrevi; (i) ganhei; (j) fui

2 (a) Ele nasceu; (b) ele foi; (c) Ele trabalhou; (d) ele passou; (e) ele começou os estudos de português; (f) ele se formou; (g) ele concluiu; (h) Ele escreveu a tese de mestrado dele sobre; (i) ele ganhou; (j) ele foi

3 (a) Acabei de colocar. (b) Não, não lavei a salada ainda. (c) Não, não fui à padaria comprar pão ainda. (d) Acabei de acender/acendê-la. (e) Não, não pus a mesa ainda. (f) Acabei de passar. (g) Acabei de trazer/trazê-lo. (h) Não, não fiz tudo o que você pediu ainda.

Answer key

4   (a) Tenho lido muito. (b) Tenho feito bastante exercício físico. (c) Tenho passeado pela cidade. (d) Tenho ido à praia. (e) Tenho saído à noite com amigos. (f) Tenho visto televisão. (g) Tenho escrito muitos e-mails. (h) Tenho treinado meu português.

5   (b) Faz quanto tempo que vocês são casados? – (Nós) somos casados desde 1992. (c) Faz quanto tempo que vocês moram em Curitiba? – (Nós) moramos em Curitiba desde 1995. (d) Faz quanto tempo que vocês trabalham na mesma empresa? – (Nós) trabalhamos na mesma empresa desde 1996. (e) Faz quanto tempo que vocês jogam tênis? – (Nós) jogamos tênis desde 1998. (f) Faz quanto tempo que vocês têm cachorro? – (Nós) temos cachorro desde 2005.

6   (a) Eu sempre tirava . . . (b) Eu sempre arrumava . . . (c) Eu sempre obedecia . . . (d) Eu sempre fazia . . . (e) Eu nunca discutia . . . (f) Eu nunca deixava . . . (g) Eu nunca pedia . . . (h) Eu nunca saía . . .

7   (a) As pessoas eram . . . (b) Os jovens sabiam . . . (c) Nós brincávamos . . . (d) As ruas estavam . . . (e) As pessoas não tinham . . . (f) Nós íamos . . . (g) Os alunos não faziam . . . (h) Os filhos se preocupavam . . .

8   (1) sentava; (2) via; (3) subiu; (4) conhecia; (5) era; (6) veio; (7) pôde; (8) tinha; (9) Era; (10) parou; (11) costumava; (12) chovia; (13) percebeu; (14) estava; (15) tentava; (16) apareceu; (17) estava; (18) olhou; (19) abriu; (20) disse; (21) sabia; (22) era

9   (a) A Carla estava tirando uma foto quando caiu num buraco. (b) (Nós) estávamos jantando num restaurante quando acabou a luz. (c) Tom e Bárbara estavam passeando pela cidade quando toparam com uma prima do Tom. (d) O Daniel estava olhando o teto da igreja quando esbarrou no padre. (e) A Renata estava tomando sol quando foi picada por uma abelha. (f) Rogério e Sandra estavam atravessando a rua quando quase foram atropelados por uma moto. (g) Eu estava conversando com uma moça no bar quando dei um banho de cerveja nela. (h) (Nós) estávamos voltando para casa quando o ônibus quebrou.

10   (a) estavam; (b) tínhamos terminado; (c) namoravam; (d) tinha brigado; (e) brigavam; (f) moravam; (g) tinham acabado; (h) tivessem ido

Index of grammar structures

References are to unit and exercise numbers.

Index of grammar structures

Index of functions

References are to unit and exercise numbers.

Index of functions